Geschichten und Gedichte

AF282676

aus der Reihe
„Perlen unserer Erinnerung"

Familien-
geschichten

Carmen Sabernak (Hrsg.)

Bibliografische Information der Deutschen Nationalbibliothek:

Die Deutsche Nationalbibliothek verzeichnet diese Publikation in der Deutschen Nationalbibliografie; detaillierte bibliografische Daten sind im Internet über dnb.d.nb.de abrufbar.

Impressum

2023 © Carmen Sabernak, alle Rechte vorbehalten

Herstellung und Verlag:

BoD - Books on Demand, Norderstedt

Satz und Layout:

Nicole Mewes

Bildnachweise:

© by-studio © sonne fleckl - Fotolia.com

©Titelbild-Zeichnung - Josephin Ehrlich

© Privatarchiv

ISBN: 9783758314872

Inhalt

Vorwort

Carmen Sabernak hatte die Idee, die Erinnerungen unterschiedlicher Menschen zu sammeln.

Erinnerungen, die wertvoll wie Perlen sind. Sie fragte in der Teltower AWO-Gruppe nach und es fanden sich schnell MitstreiterInnen.

Einmal im Monat trafen sie sich, tauschten Erinnerungen aus, lasen aus ihren Geschichten und verbrachten schöne gemeinsame Stunden. So wurde recht schnell der Entschluss gefasst, diese „Perlen unserer Erinnerungen" in kleinen Büchern aufzubewahren.

Die Geschichten sind so unterschiedlich, wie die Menschen, die sie erlebt haben. Einzelne Geschichten wurden zum Teil schon vor einigen Jahren verfasst. Deshalb finden sich teilweise auch noch Texte in der alten Rechtschreibung. Diese wurden absichtlich nicht angepasst, denn es sind Perlen aus der betreffenden Zeit.

Wir wünschen Ihnen ebenso viel Vergnügen beim Lesen, wie wir Freude hatten, das Buch zu gestalten.

Herzliche Grüße

das AutorInnenteam und die "Geschichtensammlerin" Carmen Sabernak

Eine besondere Wahl

Unsere Familie war 2001 nicht mehr ganz komplett. Für uns war der Mittelpunkt meine kleine Enkelin Rita im vierten Lebensjahr. Dann kamen ihre Mama und ihr Papa.

Sie merken, ich bin von der normalen Reihenfolge der Familienvorstellung abgewichen. Man kann es ja auch mal anders machen. So sind dann jetzt die Omas dran. Danach müssten nun die Opas kommen.
Doch das ist das Problem. Beide Opas gab es nicht mehr. Sie hatten Rita noch kennengelernt, doch dann siegte bei beiden die Krankheit. Nun war unsere kleine Rita drei Jahre alt. Da sie sehr lebhaft und ein helles Köpfchen war, war es einfach notwendig, dass sie in die Gesellschaft des Kindergartens kam.

Na ja – ganz einfach hatten es die Erzieherinnen mit ihr auch nicht. Sie musste immer alles genau wissen und ergründen. Vor allem auch, nach Möglichkeit, vieles alleine machen, wenn es auch länger dauerte, als wenn geholfen worden wäre. Dadurch gab es dann manchmal Probleme.

Die anderen Kinder erzählten von ihren Opas. Wie schön es war, Oma und Opa zu besuchen. Denn dort war alles erlaubt, man bekam auch sein Lieblingsessen von Oma und Opa spielte geduldig, so lange wie man wollte. Warum Mama und Papa auch immer darauf bestehen mussten, dass man machte, was sie sagten. Nur etwas konnte sie nicht genau sagen, warum sie keine Opas hatte.

Wäre doch schön, wenigstens einen Opa zu haben. Bei den Omas angefragt, brachte auch keinen Erfolg. Sie wurden dann nur ein bisschen traurig. Brachte also nichts. Auch die Tanten waren nicht zur Auskunft bereit. Doch dann, wir hatten das Problem abgehakt, kam für die Kleine die Erlösung.
Ich hatte mich mit einem langjährigen Sportfreund zusammengetan. Als wir nun eines Tages meinen Sohn besuchten, kam uns Rita entgegen. Sie sah meinen Freund Hans an, überlegte eine Weile und fragte dann: „Bist du mein Opa?" Mein Freund stutzte und sagte etwas verlegen: „Dein Opa bin ich nicht, aber ich hab dich auch so ganz lieb." Jetzt gab eine etwas längere Pause und dann kam ganz klar und energisch: „Dann bist du eben mein Wahlopa!" Die Spannung löste sich als mein Sohn dazu kam und sagte, dass er nichts dagegen hat. Mein Freund nahm Rita auf den Arm und beide waren

glücklich. Mir sagte mein Sohn ganz leise, dass Hans ja sowieso schon zur Familie gehöre und nun auch ruhig die Aufgaben eines Opas übernehmen kann.

So hatte Rita endlich doch einen Opa. Und Hans? Ich glaube er war noch glücklicher als klein - Rita. Er hatte selbst keine Kinder, denn seine verstorbene Frau war sehr krank gewesen. War seinen Neffen und Nichten ein guter Onkel, aber das ersetzte nicht die eigenen Kinder und Opa sein ging so auch nicht. So wurde er dann durch Rita doch noch zum Opa. Und er war ein „Superopa". Er las ihr jeden Wunsch von den Augen ab, zeigte ihr aber auch, wer das Sagen hatte und wo der Hammer hängt. Es war offensichtlich, dass er als „Wahlopa" ein Glück fand, von dem er nicht mal geträumt hatte. Es kamen einige glückliche Jahre. Leider gingen sie vorbei als Rita elf Jahre alt war.

Sie war inzwischen eine gute Reitsportlerin geworden und Hans interessierte sich gerade für den Kauf eines Pferdes. Doch dann ereilte ihn das Schicksal. Er bekam Lungenkrebs, der ihn besiegte. Es war für Rita der schwerste Schicksalsschlag. Sie war untröstlich über den Verlust ihres „Wahlopas".

Eva Maria Kluck, 2022

Jonas – Geschichte in drei Teilen –

Jonas, 1. Teil

Wie einige Leser vielleicht schon wissen, haben wir einen Freund, der vom Land kommt. Er hatte oft verrückte Ideen, besonders wenn es darum ging, ein Geburtstagsgeschenk für meinen Mann zu finden.
Mein Mann hat im Januar Geburtstag, also in der kalten Jahreszeit.

Dieser Freund, nennen wir ihn Otto, fragte mich, was ich davon hielte, wenn andere Freunde und er zusammen meinen Mann ein Spanferkel schenken würden.
Ein Spanferkel?!? Was war das nun wieder für eine verrückte Idee???

Nein, natürlich nicht, war meine empörte Antwort. Wie er sich das vorstelle, ein Ferkel in unserer Wohnung?!? Um es im Garten unterzubringen, war es zu kalt, außerdem auch überhaupt nicht angebracht, das war Gartenpachtland von der Kirche und Tiere – jedenfalls ein Schwein – bestimmt nicht erlaubt.

Otto hörte mich an, sagte nichts, und ich dachte, damit sei die Sache ad acta gelegt.

Der Geburtstag kam, viele liebe Freunde und Freundinnen waren eingeladen, und Otto ...tja, Otto brachte doch tatsächlich ein Spanferkel als Geburtstagsgeschenk mit! Ich war wütend! Hatte er denn nicht gehört, was ich ihm erklärt hatte?!?
Aber, wandte er ein, sie hätten doch das Schweinchen gesäubert, geduscht und parfümiert und ihm ein Schleifchen umgebunden!

Es half alles nichts, das Spanferkel war nun einmal da, es kam ins Wohnzimmer unter großem Gaudi aller anderen Gäste; es ließ sich grunzend unter dem Tisch nieder und schien sich dort doch tatsächlich wohlzufühlen und schlief ein. Ein Gast machte sich noch einen Spaß daraus, dem Ferkel einen Hut aufzusetzen!

Die Fête nahm ihren Lauf: Zu lauter Musik wurde getanzt, gesungen, getrunken ... alle hatten ihren Spaß .... bis es an der Wohnungstür klingelte. Empörte ältere Mitbewohner standen vor der Wohnung und beschwerten sich über den lauten Krach.
„Was? Laut? Zu laut? Nein, das kann nicht sein!" wurde ihnen beschieden. „Unser Schwein schläft doch, da

kann es nicht zu laut gewesen sein!" "Ihr Schwein!????" war die Frage. "Ja, kommen Sie doch herein und schauen Sie selbst!" So kamen die alten Leute zu uns und bestaunten das Schwein, das friedlich schlafend unter dem Tisch lag. Die alten Leutchen wurden von allen Gästen freundlich aufgenommen, und man sah, dass sie sich sichtlich wohlfühlten und es genossen, endlich mal dabei sein zu können.

Als die Fête beendet war und alle Gäste längst zu Hause, stellte sich die Frage: Was tun mit dem Schwein? Zunächst einmal setzten wir es in unsere Badewanne; einen anderen Platz fanden wir nicht in unserer kleinen Wohnung.
Wir nannten es Jonas, und so musste Jonas erst einmal in der Badewanne bleiben, während wir am nächsten Tag zur Arbeit fuhren und unsere Kinder zur Schule gingen. Als unser kleiner Sohn von der Schule nach Hause kam, hing Jonas mit seinen Vorderfüßen über dem Waschbecken, und der Wasserhahn lief. Er hatte versucht, aus der Badewanne herauszukommen und dabei versehentlich den Wasserhahn berührt. Scherzend erklärten wir unserem Sohn, Jonas habe sich doch schließlich die Zähne putzen wollen!

Hanne Pluns, Juni 2023

Jonas, 2. Teil

Die Tage vergingen, Jonas bekam einen Stall im Garten, und Futter musste für ihn besorgt werden. Damals war mein Mann zuständig für verschiedene Kitas (Kindertagesstätten), und als er die Geschichte von Jonas erzählte, fanden seine Kollegen und Kolleginnen sich bereit, Essensreste, die sonst weggeworfen werden mussten, für Jonas zu sammeln. Und so holte mein Mann oft Essensreste für Jonas ab, denn – wie man ja weiß – sind Schweine Allesfresser.

Als Belohnung für den Einsatz der Kita – Mitarbeiter/-innen brachte mein Mann Jonas mit in die Kitas! Was freuten sich die Kinder, dass sie ein Schwein, ein richtiges Schwein, streicheln durften! Manche von ihnen liefen mit ihm mit. Wo auch immer Jonas hinlief, hielten sie beschützend ihre Händchen auf den Rücken des Spanferkels und waren sehr stolz, dass Jonas sich das gefallen ließ, ja, es schien, als ob er das richtig genoss. Am liebsten hätten die Kinder ihn als Kindergarten-Hausschwein behalten, aber das war natürlich nicht erlaubt.

Jonas musste nicht nur herhalten für die Kinder in den Kitas, nein, es kam noch kurioser!

In den 70er Jahren war es üblich, dass auch in den Ämtern und Rathäusern Geburtstage oder andere Feierlichkeiten gebührend gefeiert wurden. Und so gab es dann immer leckere Buffets mit genügend – auch alkoholischen – Getränken, was später nicht mehr erlaubt wurde.

Zu einer dieser Feiern nahm mein Mann Jonas mit ins Amt, um seinen Kollegen mal etwas anderes als das übliche Zeremonielle zu bieten. Es gelang ihm, seine Kollegen zu verblüffen! Jonas tappte in die Amtsstuben, wo er von dem einen oder anderen Mettbrötchen etwas abbiss. Der Höhepunkt des Ganzen kam dann, als mein Mann Jonas in den Fahrstuhl brachte, auf einen Knopf zum oberen Stockwerk drückte – wo die wichtigsten Amtsleute saßen – und schickte Jonas genau da hin!

Man hörte dann, wie eine Dame, die in den Fahrstuhl steigen wollte, laut aufschrie, als beim Öffnen der Tür ein Schwein heraus spazierte!

Dass die Amtsleute hin und wieder bei Ärger als Schweine beschimpft und verflucht wurden, kam vor, dass sich aber ein echtes Schwein im Amt befand, das hatte man nun doch noch nicht erlebt!

Hanne Pluns, Juni 2023

Jonas, 3. Teil

Jonas verbrachte die meiste Zeit in unserem Garten in seinem kleinen Stall. Das sprach sich herum; so kam dann eines Tages zu uns ein Reporter vom Bezirksjournal, um uns zu interviewen und Fotos für die regionale Zeitung zu erstellen. Dabei fragte er auch, was denn mit Jonas auf Dauer geschehen solle. Und so schrieb er in seinem Artikel, dass Jonas im Sommer geschlachtet werden sollte; wir hätten ihn ja nicht immer in unserem Garten behalten können. Daraufhin bekamen wir empörte und entrüstete Zuschriften; das könnten wir doch nicht machen, dass sei Tierquälerei. Eine alte Frau rief an und schlug uns vor, Jonas bei sich aufzunehmen. Auf unsere Frage, ob sie denn einen Stall habe, meinte sie, sie würde ihn auf ihrem Boden des Hauses unterbringen!

Ja, es war nicht zu vermeiden, Jonas sollte zum Schlachter gebracht werden.
Als die Aktion stattfinden sollte, weigerte ich mich dabei zu sein.

Und so erzählte man mir Folgendes:
Mein Mann hatte mit dem Schlachter einen Termin

vereinbart, an dem er Jonas zu ihm bringen werde. Jonas wurde in eine Schubkarre gesetzt und zum Auto gefahren, von dort hob man ihn in den Gepäckraum.

Als mein Mann zum Schlachter kam, war dieser völlig verblüfft: Er hatte meinem Mann nicht geglaubt, dass er wirklich ein Schwein bringen würde. Also wurde Jonas zurückgefahren, nachdem man einen 2. Termin verabredet hatte.
Beim 2. Mal fuhr mein Mann wieder zum Schlachter und musste auch diesmal unverrichteter Dinge zurückkehren, denn diesmal hatte der Schlachter versäumt, dem Trichinenbeschauer zu bestellen. Aber der Schlachter nutzte die Gelegenheit und rief seine Familie herbei, um Jonas zu bestaunen: Sie hatten alle noch kein lebendes Schwein gesehen!

Als beim 3. Mal dann Jonas wieder in die Schubkarre kam, da – so erzählte es mein Mann – hüpfte Jonas schon von ganz alleine in den Gepäckraum des Autos! Bestimmt glaubte er, dass auch diesmal eine Spazierfahrt stattfinden würde.

Schließlich endete das Leben von Jonas als Spanferkelbraten für ein großes Gartenfest.

Aber wir alle von unserer Familie haben nicht ei-
nen Bissen von diesem Braten auch nur probiert ge-
schweige dessen irgendetwas etwas davon gegessen!

Hanne Pluns, Juni 2023

Au weih - Entschuldigung gesucht!

Ja – manches Mal könnte man ein Mauseloch zum Verschwinden von der Bildfläche gebrauchen.

Ich werde so eine kleine Begebenheit nie vergessen, zumal sie mir als Kind die Gewissheit vermittelte, dass mein sehr selbstbewusster Vater auch nur ein Mensch mit Schwächen war.
Mein kleiner Bruder war damals, 1948, so drei Jahre alt. Der zweite Weltkrieg hatte viele Schäden an den Häusern unserer Gemeinde hinterlassen. Mein Vater hatte die Schlosserei unseres, in den letzten Kriegstagen verstorbenen Nachbarn, übernommen. Er war immer hilfsbereit und manche kleine Reparatur wurde nicht berechnet. So war er sehr beliebt und viel gebraucht, denn es gab kaum ein Haus, an welchem nichts zu reparieren war.

Wir hatten einen großen Garten und die Werkstatt lag etwa sechzig Meter von der Straße entfernt. Ein breiter fester Weg führte am Wohnhaus vorbei zur Werkstatt. Da die Not noch sehr groß war und wir unsere Äpfel gerne selber essen wollten, musste das Gartentor verschlossen bleiben. Dadurch waren mein Vater oder unsere Angestellten gezwungen, immer an das Gartentor zu laufen, wenn Kundschaft klingelte. Wenn ich aus der Schule kam, war das dann meine Aufgabe. An Bewegungsmangel litten wir jedenfalls nicht.

Mein Vater war oft sehr ärgerlich über die ständigen Unterbrechungen und seine Kommentare darüber waren auch nicht immer astrein. Dazu kam noch, dass mein kleiner Bruder die Werkstatt und den dazugehörenden Schrottplatz als Lieblingsspielplatz auserkoren hatte. Gut dass er niedlich und sprachgewandt war. Natürlich auch Papas Liebling. Unsere Angestellten waren aus einer kinderreichen Familie und mochten den kleinen Burschen auch gerne.

Dann kam das Malheur.

Eine alte Dame hatte eine Reparatur bestellt. Mein Vater musste aber dazu erst Material besorgen. Das war damals noch schwierig und dauerte wesentlich länger als in der heutigen Zeit. Geduld war aber nicht die Stärke der Dame und so kam sie an manchen Tagen sogar zweimal, um nachzufragen. Das mag meinen Vater zu so mancher, für die Erziehung meines kleinen Bruders, untauglichen Äußerung veranlasst

haben. Nun war der Kleine nicht nur ein helles Kerl-
chen. Er hatte eine helle und sehr kräftige Stimme,
die er auch hemmungslos einsetzte. Und dann ge-
schah es.

Die alte Dame kam zum zweiten Mal an diesem Tag.
Klingelte Sturm. Wir saßen gerade beim Essen. Mein
Brüderlein flitzte als erster raus und rief mit Donner-
stimme, damit es Papa auch hörte: „Papa!!! - Die alte
Kuh ist schon wieder da!!!" Das hörte aber nicht nur
Papa. Der Ruf hallte bis zum Gartentor, wo die Dame
stand. Die ihrerseits nun alle Etikette außer Acht ließ,
und als mein Vater an das Tor kam, wie ein Rollkut-
scher sich laut über die Frechheit des Kindes ausließ.
Schließlich muss der Kleine die Äußerung ja irgend-
wo gehört haben.

Na - ja - Unrecht hatte sie wohl nicht.
Mein Vater entschuldigte sich zwar für die Äußerung
des Kindes, sagte aber auch klipp und klar, dass die
ständigen Anfragen, die die Materialbeschaffung
nicht beschleunigen konnten, aber ständig die Arbeit
störten, der Anlass zu den unqualifizierten Äußerun-
gen waren.

Nach zwei Wochen, in denen wir fast Ruhe von der

Dame hatten, hat mein Vater dann die Arbeit ausführen können. Allerdings zum regulären Preis. Kulanz war bei diesem Auftrag nicht angesagt.

Eva Maria Kluck, 2022

Narben

Juli 1979 – unser Sohn war knapp anderthalb Jahre alt und entwickelte sich prächtig. Er war ein liebes, ruhiges und völlig entspanntes Kind. Was lag also näher, darüber nachzudenken, ob noch ein Geschwisterchen dazu kommen sollte, das vielleicht ebenso „pflegeleicht" ist.

Mitte August erhielten wir die Nachricht, dass der Gesundheitszustand meiner Oma sich sehr verschlechterte und sie im Sterben lag. Darüber war ich sehr erschrocken und fuhr zu meinen Eltern. Noch bevor ich dort ankam, war sie bereits verstorben. Ich war darüber sehr unglücklich, sie nicht noch einmal gesehen zu haben, hatte sie mich doch in jeder Hinsicht geprägt. War es die Aufregung oder emotionale Spannung, die in einem Trauerhaus überwiegen – ich konnte es nicht zuordnen, auf jeden Fall ging mir der Tod und die Beisetzung meiner Oma sehr nahe. Ich hatte Probleme mit dem Kreislauf, keinen Appetit und immer das Gefühl, mich übergeben zu müssen. Meine große Schwester, die Hebamme von Beruf war, sagte frei heraus: „Bist Du schwanger?" „Nein", sagte ich und dachte, dass wir dieses „Vorhaben" doch erst angehen wollen. Meine Schwester ließ nicht locker, nahm mich mit ins Krankenhaus und stellte mich dem Gynäkologen ihrer Abteilung vor. Der konnte nichts feststellen. „Wenn", so war seine Diagnose, „dann sind Sie in einem sehr frühen Stadium schwanger". Er veranlasste zur Sicherheit noch eine weitere Untersuchung. Das Ergebnis aus dem Labor erhielt ich am nächsten Tag, bereits auf dem Weg nach Teltow: „Schwanger!" Mein Mann und Sohn erwarteten mich zu Hause. Er war völlig überrascht, dass ich voller Freude nach Hause zurückkam. „Der Tod Deiner Oma kann doch nicht so fröhlich machen", sagte er verwundert. „Ich bin schwanger!", rief ich laut in den Raum. Wir freuten uns. Meine Oma tat mir leid, dass ich ihr nicht die gebührende Trauer zukommen ließ. Trauer und Freude liegen manchmal so nah beieinander, wenn einer geht und der andere kommt!

Die Schwangerschaft war zunächst identisch zu meiner ersten, sogar die Mess- und Wiege-Werte waren verblüffend ähnlich, sodass ich davon ausging, dass wir wieder einen Sohn bekommen werden, obwohl ich mir insgeheim so sehr ein Mädchen wünschte.

Als ich im 4. Monat schwanger war und, wie gewohnt, nach der Arbeit unseren Sohn aus der Kinderkrippe abholte, las ich dort auf dem „Schwarzen Brett": „Vorsicht Röteln, Schwangere bitte die Kindereinrichtung meiden". Mein Mann und ich waren erschrocken und aufgeregt, denn wir wussten um die Probleme, die durch Röteln während der Schwangerschaft entstehen können. Wir wollten nicht sehenden Auges ein behindertes Kind bekommen!

Nach einer gefühlt schlaflosen Nacht ging ich am nächsten Tag zu meiner Gynäkologin, um mit ihr das weitere Vorgehen zu besprechen. Ihre erste Reaktion war: „Das ist kein Problem! Sie waren doch nur kurz in der Einrichtung. Ihr Sohn hat keine Röteln - Sie sollten sich beruhigen." Ich fühlte mich missverstanden, erregt antwortete ich: „Haben Sie mir gerade gesagt, dass ich mich beruhigen soll? - Ja, mein Sohn hat keine Röteln und ich hatte auch noch keine. Also liegt das Risiko, mich mit Röteln-Viren anzustecken, doch sehr hoch." Mein Anliegen war es, eine Röteln-Immunglobulin-Behandlung zu bekommen. Sie sagte: „Eine Immunglobin-Spritze ist sehr teuer und zum jetzigen Zeitpunkt nicht angebracht!" Ich ließ nicht locker und war sehr verärgert. Ich brauchte doch Gewissheit! Ich bat sie, mir schriftlich zu versichern, dass sie das Risiko trägt, wenn mein Kind durch eine Röteln-Infektion behindert zur Welt kommt. Darüber war sie entsetzt und beschimpfte mich. Sie ließ dann doch Blut abnehmen und im Labor untersuchen. Das Ergebnis war nicht eindeutig beruhigend, sodass sie die Röteln-Immunglobulin-Behandlung verordnete, die aus drei unangenehmen Spritzengaben bestand. Die nächsten Monate waren dadurch entspannter. Unsere Tochter kam im April 1980 gesund zur Welt. Wir waren glücklich und hatten unser Pärchen!

Ich hatte nun ein ganzes Jahr frei – bezahlte Elternzeit und konnte mich meinen Kindern widmen. Unsere Tochter entwickelte sich vorzüglich. Sie schaute sich von ihrem Bruder viele Fertigkeiten und Gewohnheiten ab, fing sehr zeitig mit dem Sprechen und Laufen an. Sie machte uns sehr viel Freude.

Als sie 7 Monate alt war, fing sie an zu kränkeln, hatte in der Nacht Schreiphasen, die sich nicht nach versetzten Winden anhörten, sondern nach großen Schmerzen. Die Vorstellung beim Kinderarzt brachten keine Ergebnisse, nur die Aufforderung an mich: „Sie sind überempfindlich, lassen Sie doch mal Ihr Kind schreien!"

Unsere Tochter wurde kranker, aß schlecht und nahm nur noch wenig zu, was uns Sorgen bereitete. Eines

Morgens wickelte ich sie aus und stellte fest, dass Blut in der Windel war. Ich ging mit dem Kind und der Windel zum Arzt, der nicht schlecht staunte, aber auch keine Erklärung dafür hatte. Er ließ dies abklären und wies dafür unsere Tochter in die Kinderklinik Aue, in Babelsberg, ein. Hier lag sie mit einem behinderten Kind, das sich nur schreiend artikulieren konnte, in einem Zimmer. Wir waren entsetzt. Wir durften nicht bleiben und mussten uns von ihr verabschieden. Wir waren am Boden zerstört. Wir hörten sie noch lange schreien... Wir hatten erstmals eine Ahnung davon, wie es sich anfühlt, nicht bei dem eigenen Kind bleiben zu dürfen. Wir hatten Angst, dass wir sie verlieren könnten. Uns wurde auch nicht erklärt, welche Behandlungen durchgeführt werden. Ein paar Tage später durften wir sie wieder nach Hause holen. Wir hatten ein völlig verändertes Kind zurückbekommen. Sie war weinerlich, ängstlich, klammerte und wich nicht von unserer Seite. Die Untersuchungen ergaben keinen Aufschluss. Diese unklare Situation zog sich bis zum ersten Geburtstag hin, wobei es immer wieder zu Schreiphasen kam. Wir standen hilflos daneben und wussten uns keinen Rat.

Die Elternzeit ging zu Ende, wir bekamen einen Krippenplatz. Die Krippenleiterin gewährte uns eine stundenweise Eingewöhnungszeit, die ich zusammen mit meiner Tochter wahrnehmen konnte. Diese neue Situation lehnte sie ab, wollte nicht zu den Kindern und nahm auch dort kein Essen an.

In der Woche, bevor sie nun in die Krippe gehen sollte, erhielt sie die Masernschutzimpfung. Danach fuhren wir am Wochenende noch zu meinen Eltern. Die Fahrt dorthin war schon sehr problematisch, da unsere Tochter sich mehrfach erbrochen hatte. Sie war nur noch ein kleines Häufchen Unglück. Ich war froh, endlich bei meiner Mutter zu sein, die Kinderkrankenschwester war, vielleicht wusste sie, was zu tun ist. Doch als sie das Kind sah, gab sie uns nur den Rat, ins naheliegende Krankenhaus zu fahren, was wir schweren Herzens taten. Dort kam unsere Tochter an den Tropf, weil sie inzwischen stark dehydriert war. Der behandelnde Arzt schlug vor, das Kind im Krankenhaus weiter zu beobachten, um die Ursache für ihr Unwohlsein herauszufinden, die zu einer lebensbedrohlichen Situation führen könnte. Meine große Schwester, die im Krankenhaus arbeitete, machte uns Mut und meinte, dass sie in guten Händen sei. Wir nutzen die Zeit, um uns um unseren 3jährigen Sohn zu kümmern, an dem die ganze Traurigkeit nicht spurlos vorbeiging.

Kurz vor unserer Rückreise erhielten wir die Nachricht, dass unsere Tochter noch am Tropf liegt und die Fahrt nach Teltow nicht antreten könnte. Wir mussten jedoch nach Hause, das etwa 250 km weit entfernt war – uns war nicht wohl dabei. Wir versteckten, so gut es ging, unsere Tränen, damit unser Sohn nicht noch aufgeregter wurde. In Teltow stand nun das leere Bettchen, was uns schwer bedrückte, auch weil wir nicht wussten, wie es weitergeht.

Am nächsten Tag war mein erster Arbeitstag nach der Elternzeit. Meine Kolleginnen und Kollegen freuten sich über mein Kommen und fragten, wie es mir und meiner Tochter ginge, was mich jedoch zu Tränen rührte. Es war eine sehr unglückliche Situation. Ich hatte es abgelehnt, mich krankschreiben zu lassen, denn nirgendwo konnte ich mich besser ablenken als auf der Arbeit.

Am darauffolgenden Wochenende ging die Fahrt wieder zu meinen Eltern. Wir bekamen die Nachricht, unsere Tochter mit nach Hause nehmen zu dürfen, worüber wir sehr froh waren. Im Arztgespräch erfuhren wir, dass die Ursache für das Unwohlsein von der Masernschutzimpfung herrühren würde. Es war der seltene Fall eingetreten, dass die Serum-Charge, die unsere Tochter verabreicht bekam, verunreinigt war. Wer hätte das gedacht?! Im Krankenhaus konnte ihr gut geholfen werden. Doch die Ärzte waren nicht zufrieden, da sie auch das Blut im Urin festgestellt hatten. Sie empfahlen uns mit Nachdruck, die Ursache dafür zeitnah untersuchen zu lassen.

Unsere Tochter war noch sehr schwach, aber stabil, sie konnte alles wieder essen. Während des Krankenhausaufenthalts verweigerte sie die Esseneinnahme. Sie aß nur, wenn sie von meiner Schwester, die sie gut kannte, gefüttert wurde. Dies zeugte von einem enorm starken Willen, der hier nicht gebrochen wurde. Meine Schwester verbrachte viel Zeit mit ihr und fütterte sie über die gesamte Woche.

Aufgrund der verunreinigten Masernschutzimpfung wurden wir krankgeschrieben, um uns etwas von den Strapazen zu erholen. 14 Tage danach fing die Ursachenforschung an. Wir gingen sehr oft zum Kinderarzt in die Poliklinik, die von unserer Tochter schon „Pullerklinik" genannt wurde. Dort musste sie ständig Urinproben abgeben, was bei einem so kleinen Kind nicht stressfrei ablief. Sie wurde wieder in die Kinderklinik Aue eingewiesen, hier wurde sie erneut durchgecheckt und musste sogar eine Blasenspiegelung über sich ergehen lassen. Wir wissen bis heute nicht, welche Tortur dies für unser Kind bedeutete. Wir durften nicht bei ihr sein, sie trösten und in den Arm nehmen. Das war kaum auszuhalten. Zudem ergaben alle Untersuchungen keine neuen Erkenntnisse. Erst eine einfache Röntgenaufnahme des Unterbauchs brachte Licht ins Dunkel. Die Ärzte sahen Nierensteine. Die Schmerzen, die sie von Beginn an hatte, waren Koliken. Uns wurde klar, was dieses Kind durchgemacht hatte. Wir brauchten Zeit, um zu verstehen.

Nachdem die Diagnose klar war, standen neue Untersuchungen an, wie die Nierenszintigraphie. Dies ist ein nuklearmedizinisches Untersuchungsverfahren zur Beurteilung der Nierenfunktion. Hier wird der Abscheidegrad beider Nieren separat gemessen. Für diese Untersuchungen mussten wir in die Charité fahren. Aufgrund der Nierensteine waren die Ergebnisse nicht zufriedenstellend, sodass für unsere 15 Monate alte Tochter eine Nieren-Operation unumgänglich wurde. Dazu wurde sie ins Klinikum Ernst von Bergmann eingewiesen. Ich mag nicht beschreiben, wie uns zumute war. Am OP-Tag fühlten wir uns wie in Trance, mussten aber für unseren kleinen Sohn funktionieren. Sie wurde auf der rechten Len-

denseite aufgeschnitten und mit 18 Einstichen ge-
näht. Auch der Harnleiter wurde auf die rechte Seite
verlegt und später wieder zurückgelegt. Wir durften
nicht zu unserer Tochter. Sie lag allein in einem Zim-
mer. Ihre Ärmchen waren am Bettgestell angebun-
den. Nur durch die Scheibe in der Tür durften wir
sie sehen. Sie wurde „ruhiggestellt". Doch über die
Auswirkungen, die diese Medikamente auf die Ent-
wicklung dieses kleinen Menschen haben konnten,
wurden wir nicht aufgeklärt. Wir hatten damals we-
der Einfluss auf die Behandlung noch Rechte, die wir
hätten einklagen können. Wir mussten hinnehmen,
was die Ärzte anordneten und für richtig hielten.

Sie blieb drei Wochen im Krankenhaus und war da-
nach völlig verstört, bis traumatisiert. Sie musste
sehr viele Medikamente einnehmen, die die Nie-
renfunktion unterstützen. Sie ließ sich beim Baden
kaum körperlich berühren. Sie musste neu Laufen
und Sprechen lernen. Es brauchte sehr viel Zeit und
Liebe, bis sie auch uns wieder vertraute, zu fremden
Menschen ging sie gar nicht. Insgesamt war sie völlig
anders als unser erstes Kind – die ersten beiden Jahre
auf keinen Fall „pflegeleicht".

Zurück blieben bei unserer Tochter Narben, die

mitgewachsen sind. Jedes Mal, wenn wir sie sehen, erinnern sie uns daran, welchen schweren Weg wir gemeinsam mit ihr gehen mussten, damit ihre Schmerzen aufhörten. Dieser Weg hinterließ auch bei uns unsichtbare Narben, die uns seitdem begleiten und prägen, die wir empfinden, wenn wir angesichts dieser alten Bilder, die für uns unerträglich waren und uns zerrissen haben, jetzt Ruhe und Klarheit spüren.

Christiane Eisold, August 2023

Pech auf der ganzen Linie - oder?

So ist es.

Manches Mal geht alles schief.

Morgens verschlafen.

Die Arbeit fing mit einer schlechtgelaunten Meisterin an und schmeckte sonnabends sowieso nicht. Ich glaube, ich muss erst einmal darstellen wann und wo wir zu der Zeit lebten.

Es war das Jahr 1953. In unserer Gemeinde Kleinmachnow, an der Grenze zu Westberlin gelegen, hatten sich sehr viele Bürger nach dem Ende des zweiten Weltkrieges gut eingerichtet. Manche waren abgereist, bzw. umgezogen.

Ich war damals gerade im dritten Lehrjahr zur Damenmaßschneiderin. Durch die Grenznähe hatten wir auch viele Kundinnen aus Westberlin und lernten dadurch auch beide Seiten der Zonengrenze kennen.

In unserem Betrieb gab es drei Näherinnen und zwei Lehrlinge. Zwei der Näherinnen waren Flüchtlinge aus

Pommern und Ostpreußen. Mit einer von ihnen, Hilde, hatte ich mich angefreundet. Sie war zwar sieben Jahre älter als ich, aber es gab für mich keinen Unterschied zwischen Einheimischen und den Flüchtlingen. So waren wir eine dufte Truppe: Hilde mit Bruder und Freunden und ich. An diesem Tage kamen wir, Hilde und ich, auf die Idee doch einmal nach Berlin zum Tanzen zu fahren. Wir suchten uns eine große Gaststätte aus, in der es Tanz auf drei Etagen gab.

Es war ein Superabend. Man musste nur aufpassen, dass man die letzte S-Bahn nach Kleinmachnow nicht verpasste. Jedenfalls beschlossen wir beide, am nächsten Sonnabend wieder nach Berlin zu fahren.

Doch dann kam alles anders. Wir hatten uns verabredet und ich wollte mich zu Hause von meiner Mutter verabschieden, als die Pannenhexe zuschlug. Meine Mutter war krank. Sie hatte ein Rückenleiden, dessen Ursache damals noch nicht erkannt worden war. Dazu kam, dass sie nach der Geburt von uns Kindern, wie man so sagt, offene Beine hatte, die nicht heilten. Das ist für viele Menschen, gerade Frauen, auch heute ein Problem, da die Medizin noch in der Forschung steckt. Damals gab es jedoch noch keinerlei Hoffnung auf Verbesserung oder gar Heilung.

Dann kam das Malheur. Meine Mutter wollte mir meine kargen Finanzen etwas aufbessern, denn sie wusste ja, dass man mit fünfundvierzig Mark Lehrlingslohn im Monat nicht sehr weit kam. Sie stand von ihrer Sitzecke in unserer Wohnküche auf, um das Geld zu holen. Stieß irgendwo mit dem Knöchel an und auch mit der Stelle am offenen Bein. Die Stelle ging auf. Im Nu kam das Blut durch den Verband. Lief derartig, dass es kaum gelang, den Strumpf auszuziehen und einen Notverband anzulegen.

An meinen Tanzabend konnte ich in dem Augenblick gar nicht denken. Mein Vater, der neben seinem Beruf auch als Sanitäter ausgebildet war, hatte mir ja mal irgendwann gezeigt wie man einen Druckverband anlegt. Das tat ich dann auch – erfolgreich. Damit war aber für mich die Sache nicht erledigt. Meine Mutter säubern, ich hatte beim Verbinden auch etwas abbekommen und musste mich umziehen. Dann noch die Küche aufwischen, Blut muss man so schnell wie möglich beseitigen, denn wenn es geronnen ist, wird es schwierig. Es ist mir auch alles gut gelungen und nun ab zur Verabredung.

Na – nun ging es dann los. Ich hatte nie gedacht, dass meine Freundin Hilde derartig unbeherrscht meckern konnte. Erst meine Frage, was sie wohl in dieser Situation gemacht hätte, brachte sie zur Ruhe. Da es für Berlin etwas zu spät war, wir hätten keinen Platz mehr bekommen und ehrlich, mir war auch die Lust vergangen, beschlossen wir auf unsere Berlinfahrt zu verzichten.

So wanderten wir durch den Ort und gingen in Stahnsdorf in eine Gaststätte. War zwar nicht so schön, aber tanzen konnte man auch. Zumal die Kapelle recht gut war. Die Gaststätte war groß, knacke-voll und so einige Herren hatten wir dort noch nie gesehen.
War auch nicht verwunderlich. In Kleinmachnow gab es nämlich die Hakeburg mit einigen großen Gebäuden. Diese ganze Anlage wurde als Parteischule der SED genutzt. Es hatte wohl gerade mal wieder ein neuer Lehrgang angefangen und die Teilnehmer erkundeten die Gegend und das Nachtleben des Umlandes. Einer der Herren interessierte sich augenscheinlich für meine Freundin. Am Ende der Veranstaltung baten er und sein Freund um die Erlaubnis, uns nach Hause zu begleiten zu dürfen. Unsere Ablehnung wurde missachtet. Die beiden liefen einfach hinterher. Fanden wir nicht gut und fassten darum einen etwas bösen Entschluss. Als alteingesessene Kleinmachnowerin kannte ich so ziemlich jeden Winkel,

jede Straße der Gemeinde, zumal ich für die Mechanische Werkstatt meines Vaters die Rechnungsbeträge im Ort kassieren musste.

Als meine Freundin schon ganz verzweifelt war, dass es nicht gelang die Herren abzuhängen, was sie aber unbedingt wollte, habe ich ihr dann dabei geholfen. Ein unbebautes Grundstück? – Super! – Schnell waren wir dort verschwunden. Das lag zwischen zwei Straßen. Auf der anderen Seite, also auf der anderen Straße, wieder raus und beim nächsten freien Grundstück rein und abgewartet. Hat geklappt.

In der folgenden Woche hatte ich aber dann das Gefühl, dass für sie der Ausgang des abendlichen Heimweges wohl doch nicht so richtig war, obwohl es der ursprünglich gewollte Ausgang für meine Freundin war.

Sie hatte auch keine Lust, den ausgefallenen Berlinbesuch nachzuholen und so landeten wir am nächsten Sonnabend wieder in der Stahnsdorfer Gaststätte. Da Hilde schlechte Laune hatte und vor sich hin maulte, schloss ich mich einigen Bekannten an und wir liefen zu einer anderen Gaststätte. Wurde für mich dann noch ein ganz netter Abend.

Allerdings war es der letzte Ausgang mit Hilde. Auf

der Arbeit verstanden wir uns nach wie vor prima. Aber unsere abendlichen Ausgänge fanden nicht mehr statt. Arbeit, Kopfweh, was Verkehrtes gegessen, alle möglichen Verhinderungen bekam ich zu hören. Endlich ließ sie dann die Katze aus dem Sack. Ihr Verehrer hatte sie doch wiedergefunden. Er ist nach Beendigung des Seminars nach Kleinmachnow zu ihr gezogen. Leider schlief unsere Freundschaft dann ein, denn Hilde veränderte sich sehr und meine Lehrzeit war auch zu Ende.

Lehrlinge wurden immer nach Abschluss der Lehre entlassen. Gesellen waren teurer als Lehrlinge und so hatten die meisten Betriebe immer drei Lehrlinge. Jeweils im ersten (fünfundvierzig Mark), im zweiten (fünfundsechzig Mark), und im dritten Lehrjahr (fünfundsiebzig Mark) im Monat. Gesellen kosteten zwischen Hundertzwanzig und Zweihundert Mark.

Ich war über das „Einschlafen" der Freundschaft etwas traurig, fand es aber sehr gut, dass sie einen festen Partner gefunden hatte, denn immerhin war sie schon sechsundzwanzig.

Hildes Freund hatte einen jüngeren Bruder und sie eine jüngere Schwester. Die Geschwister waren jeweils wie Feuer und Wasser. Hilde und ihr Freund waren sehr ruhig. Ihre Geschwister waren „Leben pur" und nach einer handfest ausgetragenen Meinungsverschiedenheit beschlossen auch sie, zusammen zu bleiben. Konnte bei ihrem Temperament nie langweilig werden. Beide Paare haben geheiratet. Hin und wieder habe ich etwas von ihnen gehört. Von Ärger oder gar einer Scheidung war nie die Rede. Unsere Freundschaft endete etwas später aber gänzlich.

Ich hatte erwähnt, dass man manchem Pech eigentlich dankbar sein kann. Hätte ich durch die Krankheit meiner Mutter nicht unseren Treff zum Besuch des Tanzkaffees in Berlin versäumt, was Hilde mir damals sehr übelnahm, wären wir nicht zur richtigen Zeit am richtigen Ort gewesen. Wir wären nicht in Stahnsdorf gelandet und meine Freundin Hilde hätte nie ihren Mann kennen gelernt.

Auch ihre Geschwister hätten sich nie getroffen. Wenn auch die Freundschaft von Hilde und mir in die Brüche gegangen ist, so hat mein Pech durch die Versorgung der Krankheit meiner Mutter, die Grundlage für zwei glückliche Familien geschaffen.

So steht bis heute die Frage: „War das Pech nicht die

Grundlage für das Glück von vier Menschen auf einem gemeinsamen Lebensweg?"

Eva Maria Kluck, 2023

Die rote Mütze

Ein Tag im Januar 1962. Ein nass kalter Wintertag. Der Schnee taute tagsüber etwas an, um in den Nachmittagsstunden wieder zu gefrieren. Kein Wetter, bei dem man gern nach draußen ging. Doch ein Bauernhof mit vielen Tieren fragt nicht danach, welches Wetter einem genehm ist, sondern erwartet, dass die tagtägliche Arbeit verrichtet wird.

Meine größeren Geschwister mussten auf dem Bauernhof ordentlich mithelfen, da mein Vater aufgrund einer Kriegsverletzung nur einen Arm hatte und meine Mutter die schwere Arbeit nicht allein bewältigen konnte. Diese Art „Kinderarbeit" war für die damalige Zeit völlig „normal" und kein Einzelfall in unserem Dorf.

An diesem besagten Tag waren fast alle Familienmitglieder im Hof und Stall beschäftigt, nur die beiden jüngsten Kinder spielten in der Wohnstube und Küche. Mein Bruder war 4 Jahre, meine Schwester 1 Jahr 5 Monate und ich war 8 Jahre alt. Meine Mutter erteilte mir die Aufgabe, auf die beiden "Kleinen" aufzupassen. Ich fand diese Beschäftigung gegen die Arbeit im Stall oder auf dem Hof geradezu als angenehm und leicht. Meine Mutter sagte ausdrücklich, dass wir im Haus bleiben sollten und die kleinen Kinder auf keinen Fall in den Stall dürften. – „Nichts leichter als das", dachte ich.

Mein jüngerer Bruder war ein ruhiger „Patron". Er konnte sich gut mit sich selbst beschäftigen, sodass ich mit ihm keine Probleme hatte. Anders dagegen meine kleine Schwester. Sie war das Nesthäkchen der Familie und wurde von allen verwöhnt. Sie war von zarter Gestalt und sehr liebenswert, aber auch ein kleiner Wildfang und sehr lebhaft. Sie hatte einen starken Willen, wenn sie diesen nicht durchsetzen konnte, wuchsen „kleine Hörnchen" aus ihrer Stirn. Ich war eher streng zu ihr, auch weil wir uns zu der Zeit noch ein Zimmer teilen mussten. So klein sie auch war, sie bestand darauf, dass ich jeden Abend mit ihr gemeinsam zu Bett gehe. Sie jammerte so lange herum, bis meine Eltern stets nachgaben und mich mit ihr ins Bett schickten. Das ärgerte mich, doch widerwillig gab ich nach.

Meine Schwester hatte an diesem Januar-Nachmittag keine Lust, in der Wohnung zu bleiben. Sie machte viel Blödsinn und hatte den starken Drang, nach draußen gehen zu wollen. Auf die Ansage: „Nein, wir gehen jetzt nicht raus", jammerte sie. Sie nahm ihre rote Mütze vom Haken und setzte sie auf. Ich band sie zu und sagte: „Schick siehst Du mit der neuen Mütze aus, die Mama Dir gestrickt hat." Mit dem Wort „Mama" kam ihr eine neue Idee: „Mama gehen!" Auch hier gab ich ihr unmissverständlich zu verstehen: „Nein, das geht nicht, Mama muss arbeiten." Das war auch die Wahrheit, denn meine Mutter war gerade mit dem Melken der Kühe in Stall beschäftigt. Meine Schwester ließ nicht locker, sie sprang, ohne einen Mantel anzuziehen, zur Tür, hing sich an die Klinke, sodass sich die Tür zum Vorraum öffnete. Aus diesem Raum heraus ging auch eine Tür in den Stall. Sie rief immer wieder laut „Mama, Mama". Ich lief hinterher. Ehe ich mich versah, hatte sie die Tür zum Stall auch geöffnet und stand bei meiner Mutter, am Hinterteil der Kuh. Meine Mutter erschrak. Ich kam hinzu und wollte meine Schwester festhalten, doch sie war viel flinker als ich, sie entglitt meiner Hand und lief erneut davon, schnurstracks zur geöffneten Stalltür nach draußen. Ich hörte nur noch meine Mutter schreien: „Halt, halt, halt!" Sie wusste um die Gefahr, die gerade hier lauerte, mir war das noch nicht klar. Der Schrei meiner Mutter ging mir durch Mark und Beine, ließ mich noch schneller laufen. Meine Schwester war gerade auf Höhe der Tür als ich sah, dass meine großen Brüder die Grube geöffnet hatten, um daraus Jauche herauszuschöpfen. Doch von meinen Brüdern war gerade niemand zu sehen, sie waren im Hof unterwegs. Ich schrie nun auch: „Halt an! Stopp!" Doch meine Schwester rannte, wie so oft, mit dem Kopf durch die Wand – dies hatte nun die fatale Folge, dass sie durch die angefrorene Jauche am Rand der Grube ausglitt und mit ganzem Körper in die Grube rutschte, die mehrere Brunnenringe tief war. Ich war so im Spannungszustand und voller Angst um meine Schwester, dass ich unbeirrt nach dem Körper, der unterzugehen drohte, griff. Ich bekam gerade noch die rote Mütze zu fassen. Ich hatte nicht gewusst, dass ich stark oder kräftig oder gar mutig bin, doch hier kamen alle diese Eigenschaften zusammen – geistesgegenwärtig zog ich das kleine verstummte Bündel an seiner roten Mütze aus der Jauche heraus. In diesem Moment trafen meine Brüder und auch meine Mutter ein. Wir waren alle geschockt, doch meine Mutter wusste als Einzige, was zu tun war. Sie blieb ruhig, nahm meine inzwischen schreiende Schwester und lief mit ihr schnell ins Haus. Sie zog ihr sekundenschnell die penetrant nach Jauche stinkenden Sachen aus – auch die nigelnagelneue rote Mütze – die sie entsorgte. Sie wickelte meine Schwester in eine warme Decke und prüfte genau, ob sie von der Jauche etwas geschluckt hatte. Meine Oma ließ inzwischen heißes und kaltes Wasser in die kleine Zink-Babybadewanne ein, damit meine Schwester gebadet werden konnte. Es verging eine ganze Weile, bis meine Mutter festgestellt hatte, dass meine Schwester keine Jauche geschluckt hatte. Dennoch wusste niemand, ob nicht auch die Jauchedämpfe schädlich für ihre Gesundheit waren. Es blieb ein Restrisiko. Ich stand in dieser ganzen Zeit unter Schock, heulte, zitterte am ganzen Körper und dachte nur: „Lieber Gott, wenn es dich gibt, lass meine Schwester leben und keinen Schaden von diesem Unfall nehmen. Ich liebe sie doch so sehr…" Ich fühlte mich schlecht, mulmig und war bedrückt, weil ich der Anweisung meiner Mutter nicht nachgekommen bin. Was würde passieren, wenn meine Schwester stirbt? Ich war so unglücklich und mit mir allein. Keiner hatte ein Ohr, geschweige denn ein tröstendes Wort für mich. Aber auch keiner verurteilte mich. Ich wollte mich lieber verkriechen und ging zu meinem kleinen Bruder ins Wohnzimmer, der noch immer mit seiner Holzeisenbahn spielte, und heulte mich aus. Er schaute mich mit großen Augen an und warf seine Ärmchen um meinen Hals. Er wollte mich trösten, wusste gar nicht, was geschehen war.

Ich hatte auch immer noch Angst, dass meine Mutter sehr ärgerlich über mich sein könnte. Was sollte ich denn sagen? Ich habe nicht aufgepasst? Ich blieb in der Stube sitzen, bewegte mich nicht von der Stelle, bis irgendwann meine Mutter kam und mit mir ganz ruhig redete: „Wir hatten ganz großes Glück. Gut, dass sie die rote Mütze aufhatte und Du sie daran herausgezogen hast, wer weiß, was sonst noch passiert wäre." Ich verstand nur: die rote Mütze - ihre Rettung - unser Glück. Sie ermahnte mich, künftig noch besser aufzupassen, sie müsse sich doch auf mich verlassen können.... Ich heulte mich in ihrem Arm aus. Meine Mutter wusste es - im Gegensatz zu mir - dass ich nicht schuld am Unfall war, sie sagte es mir jedoch nicht. Meine Schwester hatte sich von diesem „Schreck" erstaunlich schnell wieder erholt.

Dieses Ereignis hat mich sehr geprägt. Ich bin dadurch umsichtiger, auch ängstlicher geworden. Meine ganze Familie hatte mir wegen des Unfalls nie ein böses Wort gesagt, aber ich war auch nicht „der Held der Stunde". Erst viele Jahre später, bei einem Familientreffen mit der weitläufigen Verwandtschaft gab mein Vater diese Geschichte zum Besten, darin hatte er mein Handeln als „kühn" bezeichnet. Das war mir bis dahin nicht klar, dass meine Eltern dies so gesehen hatten. Ich hatte mich über diese späte An-erkennung leise gefreut, doch Schuldgefühle blieben immer. Was hätte ich dafür gegeben, wenn damals – als dieser Unfall passierte und ich 8 Jahre alt war – jemand aus der Familie zu mir gesagt hätte: „Du bist nicht daran schuld!" Es hätte mir nicht nur gutgetan, sondern es wäre von mir eine Last gewichen, die ich über viele Jahre mit mir herumgetragen habe. Denn immer wieder habe ich mir vorgestellt, dass dieser Unfall ganz anders hätte ausgehen können – wenn ich beispielsweise die rote Mütze nicht zugebunden hätte – wie wäre dann wohl mein Leben verlaufen? Auf kleine Kinder aufzupassen – was ich als Kind durchaus als „leicht" ansah – hatte sich für mich als schwerwiegende Aufgabe mit langanhaltender emotionaler Wirkung herausgestellt. Was wäre dagegen eine Arbeitsaufgabe im Hof oder Stall gewesen?

Christiane Eisold, September 2023

Die Geschichte von dem Hahn

Es war in den 70iger Jahren, wir feierten gern und viel und hörten Musik von Leonard Cohen, Cat Stevens, Pink Floyd, Elvis Presley, Hannes Wader, Reinhard May und vielen anderen Künstlern mehr.

Damals wohnten wir in Westberlin in einer kleinen 67-qm-Wohnung im 3. Stock zu viert.

Wir hatten einen Freund, der vom Land kam. Dieser besagte Land-Freund kam eines Tages auf eine verrückte Idee.

Am Geburtstag meines Mannes, zu dem viele Freunde eingeladen waren, – die meisten saßen auf dem Boden, tranken Wein, unterhielten sich angeregt oder tanzten mit einander – fragte er uns, ob er einen Schock Tannen mit nach oben bringen könne, die hätte er vom Land mitgebracht.

Natürlich durfte er. Aber ein Schock Tannen? Was sollte das sein?

Er schleppte also einen ziemlich großen Karton zu uns nach oben in die Wohnung, und als mein Mann den Karton öffnete, flatterte ein schöner Hahn heraus!

Die Aufregung der Gäste war groß. Unser Freund fing den Gockel ein, um ihn an einige Gäste weiterzureichen. Manche wollten den Hahn auch mal halten, andere wichen scheu zurück, wieder andere ließen ihn sich auf den Kopf setzen. Alle amüsierten sich köstlich!
Er war der King der Geburtstagsparty!

Aber dann? Was tun mit dem Hahn? Als die Gäste nach Hause gegangen waren, musste der Hahn irgendwie untergebracht werden. Mein Mann holte eine große Kiste aus dem Garten. Das sollte zunächst die behelfsmäßige Unterkunft für den Hahn werden, dem wir den Namen Otto verpasst hatten. Wir setzten ihn in diese Kiste und verfrachteten ihn dann auf unseren Balkon.

Wir hatten aber nicht mit der Natur und dem eigentlichen Auftrag des Hahns gerechnet: Der krähte nämlich ordnungsgemäß schon um vier Uhr in der Frühe! Erschrocken liefen wir auf den Balkon. Er konnte doch nicht all die Nachbarn wecken! Das würde Ärger geben! Also nahmen wir kurzerhand die Kiste samt Hahn in unser Wohnzimmer, drapierten dicke Sofakissen um den Karton, und so würde er niemand in seiner Nachtruhe gestört werden, auch wir nicht!

Man hörte ihn dann ganz gedämpft unter den Kissen krähen!

Und jeden Morgen nahmen wir die „Dämm"-Kissen weg und stellten die Kiste wieder auf den Balkon. Als endgültige Lösung war aber vorgesehen, dass mein Mann für den Gockel in unserem Garten einen kleinen Stall bauen würde.

Eines Tages, als ich dabei war, diesen Prachthahn vom Wohnzimmer auf den Balkon zu bringen, passierte das, was nicht passieren durfte: „Er entglitt meinen Fingern und flog über unseren Balkon!"

Ich reagierte schnell: schnappte mir einen großen Kescher, den mein Mann bei seinen Angelutensilien hatte, warf mir eine Decke über den Arm und rannte eilig die Treppen im Hausflur herunter.

Erstaunt blieben Kinder im Treppenhaus stehen und riefen verwundert: „Frau Pluns, wo wollen Sie denn hin?" „Meinen Hahn einfangen!" war meine Antwort.

„Häh??? Was?!?!?" staunten die Kinder und liefen mir nach. Ich flitzte um die Hausecke... und da war er, der Ausreißer! Den Kindern gab ich die Decke, sie sollten damit eine Absperrung herstellen, während ich hinter dem Hahn hinterher hechelte, um ihn mit dem Kescher - wie ein Schmetterlingssammler die Schmetterlinge - einzufangen.

Man kann sich vorstellen, was das für ein Gaudi für die Kinder war! Und mancher Nachbar mag hinter den Gardinen gestanden und kopfschüttelnd gedacht haben: „Na, ein bisschen verrückt waren die Plunsens wohl schon immer!"

Der Hahn bekam übrigens später noch einen schönen Stall, eine Henne und niedliche Küken, aber das ist eine andere Geschichte!

Hanne Pluns, 2023

Hugo

Unser Hahn Otto bekam natürlich eine Frau, das wunderschönste Huhn weit und breit!

Und sie war nicht nur schön, sondern sie war auch fleißig, denn – wie von ihr erwartet – legte sie eifrig Eier.

Als die Zeit herankam, fing sie an zu „glucken". Wir setzten sie auf ihr Nest mit ihren Eiern, und eines Tages schlüpften zu unserer Freude niedliche kleine Küken. Diese Glucke mit ihren mit flaumweichen Daunen umhüllten Küken nahm ich sogar mit zur Schule, in der ich damals arbeitete, um sie den Kindern als lebendes „Anschauungsmaterial" vorzuführen. Stadtkinder bekamen selten oder nie die Gelegenheit, eine Glucke mit ihren Küken-Kindern zu bewundern.

Sie dürften natürlich – jeder ein Mal – eins der Küken in ihre Hände nehmen; das taten sie sehr behutsam und vorsichtig. Selbst die wildesten Kinder wurden ganz zärtlich, liebe- und rücksichtsvoll.

In unserem Garten fühlte sich die Glucke mit ihrer kleinen Kinderschar sehr wohl. Sie scharrte und kratzte in der Erde und lockte ihre Kleinen mit glucksenden und gackernden Tönen herbei, um ihnen zu zeigen, wie man einen kleinen Wurm, ein Samenkorn oder frische Grashalme finden und verspeisen konnte.

Alles war friedlich anzuschauen, und wir erfreuten uns oft an dieser kleinen Schar.

Aber eines Tages fiel uns auf, dass die Glucke eines ihrer Küken wegschubste und nicht an den Futtertrog ließ. Es war ein schwarzes, alle anderen hatten einen dottergelben Flaum.

Unser ältester Sohn, damals war er vielleicht sieben Jahre alt, hatte das auch beobachtet. Das kleine schwarze Küken tat ihm sehr Leid. Er bettelte und jammerte, er wolle das Kleine mit zu uns nach Hause nehmen. Wir ließen uns erweichen und erlaubten es ihm, er war selig! Er nahm es behutsam, in seinen kleinen Händen tragend, mit in sein Kinderzimmer, um ihm einen Karton als kleines Nest zu bauen. Dort sollte es geschützt und eingekuschelt übernachten. Ja, wir erlaubten ihm sogar, es im Kinderzimmer zu füttern. Er behütete es liebevoll. Wir konnten auch beobachten, wie er es mit in sein Bett nahm und mit seiner Bettdecke zudeckte!

Das lief so eine ganze Zeit lang. Das Küken bekam

einen Namen und wurde von jetzt an Hugo genannt. Wir feierten in unserem großen Garten gerne schöne Feste, und so luden wir wieder einmal viele nette Gäste ein. Unser Sohn wollte aber nur dann mit zur Party kommen, wenn er seinen Hugo mitnehmen durfte.

Er packte das kleine Küken in eine weiche Decke ein und legte es – im Garten angekommen – auf eine Gartenbank, um mit den anderen Kindern zu spielen. Da passierte das Unglück: Ausgerechnet die dickste Frau von unseren Gästen setzte sich auf diese Bank, mitten auf Hugo! Sie hatte ihn nicht gesehen, weil er ja in eine flauschige Decke eingepackt war.

Sie sprang erschrocken hoch, als wir laut aufschrieen! Da lag dann Hugo, leblos und platt gedrückt!

Unser Kleiner kam wegen des Geschreis angerannt, wie all die anderen Kinder auch, sah erschrocken und entsetzt seinen Liebling ganz flach und tot dort liegen. Er lief weinend weg, ließ sich nicht mehr trösten, setzte sich unter einen Baum und ließ dort seinen Tränen ihren Lauf, er wollte nichts mehr von der Welt sehen und hören.

Hugo sah wirklich merkwürdig aus; ich würde sagen, er war platt wie eine Briefmarke! Wir standen ratlos um das leblose Küken, was konnten wir tun?

Während wir so hilflos dort standen, fing Hugo plötzlich an, sein Köpfchen zu heben, die Beinchen zu bewegen und – wir glaubten es kaum – er berappelte sich, stand noch wacklig und unsicher, schüttelte sich vorsichtig und lief dann, erst tastend, dann immer schneller und sicherer, ein bisschen im Garten herum.

Wir liefen zu unserem Sohn, riefen: „Oli, Oli, Hugo lebt!"

Er aber war entrüstet, dachte, wir trieben einen Scherz mit ihm, wehrte uns ab, machte eine abweisende Handbewegung: „Das wollte er uns nicht glauben!"

Es war ja auch ein Wunder! Hugo hatte das alles tatsächlich überstanden!

Wir versuchten uns das zu erklären, es gab nur einen Grund: Die Bank hatte Latten, die natürlich Zwischenräume aufwies. Diese Zwischenräume waren offensichtlich der Grund, dass Hugos kleiner Körper nicht vollständig erdrückt worden war.

Unser Sohn hat sich dann allmählich beruhigt, zumal all seine Freunde und sein kleiner Bruder zu ihm kamen und ihm versicherten, dass es stimme: Das Wunder war wahr: „Hugo lebt!"

Hanne Pluns, 2023

Immer Personalmangel am 24. Dezember

In meiner Erinnerung an den Heiligen Abend kommt nie ein direkter Kontakt mit dem Weihnachtsmann vor.

Unser Haus war immer traditionell geschmückt. Wenn es geschneit hatte, war der Blick aus dem Fenster in ein kleines Waldstück sehr märchenhaft. An diesem Tag wurde immer ein spezielles Weihnachtsessen gekocht und das Haus roch nach frischen Plätzchen.

Ab Mittag durften wir das Wohnzimmer nicht mehr betreten. Wir fieberten den Geschenken und den Näschereien entgegen. Mein Bruder und ich hatten immer unerfüllte Wünsche. Wir waren also sehr gespannt, ob einer unserer Träume wahr werden würde. Das Haus, in dem wir bis zu meinem 12. Lebensjahr wohnten, lag in der zweiten Reihe und wir haben tatsächlich nie einen Weihnachtsmann entdeckt, auch nicht auf dem Weg zu den Nachbarkindern.
Die Zeit bis zur Bescherung überbrückten wir mit Radio hören, lesen oder singen. Meine Mutti lockte

uns immer unter irgendeinem Vorwand aus dem benachbarten Esszimmer. Plötzlich fiel die Tür des Wohnzimmers laut ins Schloss und der Weihnachtsmann hatte uns nach getaner Arbeit verlassen. Unsere Geschenke lagen unter dem Tannenbaum und die Kerzen am Baum waren angezündet.

Für mehr hatte er keine Zeit, denn es gab noch so viele andere Kinder zu beschenken. Es gab bei uns also schon in den fünfziger Jahren Personalmangel am Heiligen Abend.

Als wir 1961 in ein größeres Haus zogen, verbrachten wir die Zeit vor der Bescherung damit, vom ersten Stock auf unsere kleine Seitenstraße zu schauen. Hier entdeckten wir hin und wieder einen Weihnachtsmann auf dem Weg zur Arbeit. Leider gingen alle an unserem Haus vorbei. Scheinbar haben wir nie richtig aufgepasst, denn der Weihnachtmann knallte die Tür laut hinter sich zu – und wie jedes Jahr brannten die Kerzen und unter dem geschmückten Baum lagen plötzlich die liebevoll verpackten Geschenke.

Als meine große Tochter zwei Jahre alt war, und das Weihnachtsfest das erste Mal bewusst erlebte, wohnten wir in der Neuen Wohnstadt in Teltow. Dort wohnten zu dieser Zeit viele kleine Kinder. Zwischen den Wohnblöcken war vor und hinter dem Haus eine Straße. In der Wartezeit, in der das Wohnzimmer nicht betreten werden durfte, begleitete der Opa seine Enkeltochter von einem Fenster zum anderen. Sie sah mehrere Weihnachtmänner winken und in andere Häuser gehen. Irgendwann knallte unsere Wohnungstür und wir hatten den Weihnachtsmann wieder verpasst.

Auch als unsere Kinder größer waren, blieb das Startsignal für den Beginn der Bescherung eine zugeworfene Tür.

Betriebsweihnachtsfeier 1955
im Max Reimann Werk

Unsere kleine Tochter wurde am 06.06.2009 Mama von Zwillings-Jungs. Als die beiden vier Jahre alt waren, durchbrach sie die familieneigene Weihnachtstradition und ein Freund der Familie kam als Weihnachtsmann verkleidet. Er fuhr mit dem Auto vor und brachte einen Sack voller Geschenke mit. Er ging durch den Garten und wurde von den Kindern völlig unbeeindruckt durch die Terrassentür eingelassen. Die Zwillinge sind sehr aufmerksam, neugierig und im Doppelpack besonders mutig.

Ihre erste Frage galt seiner Art der Anreise: „Wieso kommst du mit dem Auto?" „Weil kein Schnee liegt", konnte er das überzeugend begründen.

Die beiden standen dicht nebeneinander und betrachteten den Weihnachtsmann sehr intensiv. Zeitweise stellte nicht der Weihnachtsmann die Fragen, sondern er wurde selbst einem Kreuzverhör unterzogen. So erzählten sie ihm, wo sie den Baum selbst geschlagen hatten und wer die Lichterkette befestigt hat. Auch hat ihr Onkel Andreas dieselben Stiefel und die Uhr kam ihnen ebenfalls bekannt vor.

Der Weihnachtsmann hatte ein Buch dabei, in dem die kleinen Vergehen und Eigenarten der Kinder beschrieben waren. Am Vormittag des Weihnachtstages war ich mit meiner Tochter und den beiden Kindern in meinem Brandenburger Lieblingsgeschäft. Dort musste Pascal mehrmals ermahnt werden.

Diese ganz aktuelle Begebenheit stand doch tatsächlich schon im Buch des Weihnachtsmannes.

Das verunsicherte sie kurzzeitig, jedoch von Angst war keine Spur. Es waren zwei selbstsichere kleine Burschen im Dialog mit dem Weihnachtsmann.

 Auf Wunsch sangen sie ohne sich zu zieren mehrere Lieder, aber immer zusammen. Sie mahnten eine abwechselnde Verteilung der Geschenke als selbstverständlich an und jubelten, wenn ein besonderer Wunsch, wie zum Beispiel eine Uhr, in Erfüllung ging. Einmal stritten sie sich beim Auspacken um eines der gemeinsamen Geschenke. Der Weihnachtsmann schritt ein und wollte es wieder mitnehmen. Daraufhin wiegelte Pascal ab: „Wir waren doch nur neugierig". Das Auspacken war jeweils in Sekunden erledigt. Die Papierfetzen flogen nur so.

Pascal fiel am Ende auf, dass ein Wunsch nicht erfüllt worden war. Er fügte aber gleich hinzu, dass sie dafür ja etwas anderes bekommen haben. Sie waren also beide sehr zufrieden und verabschiedeten den Weihnachtsmann fröhlich.

Das blieb die einzige Ausnahme von der Tradition mit der zugeknallten Tür, denn es war zu befürchten, dass sie den Weihnachtsmann ein Jahr später mit Onkel Andreas angeredet hätten.

Unsere große Tochter hat mit ihren zwei Kindern den Weihnachtsmann-Versuch gar nicht erst unternommen.

Evelyn Barucker, November 2022

 Die Pullover

Es war im Winter 2006 auf dem Darß an der Ostsee. Alle unsere Freunde hatten nun das Rentenalter erreicht und so fuhren wir manchmal, außerhalb der Saison, wenn die Preise günstiger sind, für ein paar Tage weg. Man tat sich zusammen, sodass die Autos gut genutzt wurden. Meistens waren es 5 Pärchen, so auch diesmal. Alle liebten die Strandwanderungen bei fast jedem Wetter. Die salzige Meerluft, die Weite, der Sand unter den Füßen – herrlich!

An einem Mittwoch 10.00 Uhr meldete der Wetterdienst Dauerregen – kein Strandwetter heute. Schnell waren wir uns einig, dass die Männer in die nahe Therme fahren und wir Frauen ein bisschen shoppen in der Stadt. So landeten wir im einzigen, großen Kaufhaus der Insel. Vom Schnürsenkel bis zum Abendkleid, alles wurde bewundert oder auch nicht.

Bis plötzlich unsere Aufmerksamkeit bei einem Regal mit Pullovern hängen blieb. Zwei von uns Frauen hatten sich ziemlich schnell entschieden für eben „diesen" Pullover. Die Anderen kamen nun dazu und fanden, es „stimmt" hier alles, Aussehen, Material,

Farben, Preis, Zweckmäßigkeit. So ein schöner Pullover aber auch! In Windeseile entschlossen wir uns nun, dass jede von uns sich dieses Schmuckstück kaufen sollte. „Ist das nicht toll", hörten wir uns sagen.

Bereits bei der Anprobe hatten wir Riesenspaß und Freude. Die Verkäuferin war glücklich und half wo sie konnte. „Na, der passt ja prima, steht Ihnen so gut und die schönen Farben ...". Ja, wir fanden, dass wir Glück hatten, an diesem verregneten Ostseetag. Unsere neuen Pullover in weiß, rosè, grau und pink rundherum gestreift, mit langen Ärmeln und einem schönen Halsabschluss wanderten in die damals noch gebräuchlichen Plastetüten.

Draußen vor dem Geschäft wurde aus unserer Freude ein Plan. Heute Abend ziehen wir alle unser neues Stück zum Abendessen an. Die Männer wissen ja von nichts und wenn wir dann unsere Winterjacken ausziehen ... ta, ta!, viel Gelächter und erstaunte Gesichter wird es geben.

Die Vorstellung dieser Überraschung beflügelte uns fünf Omis wie Teenager! Wir gackerten und Fremde schauten schon etwas befremdlich zu uns und unsere fünf gleichen Tüten herüber. Das Abendessen war in einem kleinen Restaurant in Strandnähe geplant. Man sagte uns, dass wir an einzelnen, kleinen Tischen sitzen werden, leider nicht an einer Tafel. Umso besser, dachten wir. Das hebt die Spannung.

Der Gastraum war nicht sehr groß, etwas düster und draußen leuchteten nur Mond und Sterne. Aber unsere freundlichen Pullover würden schon für Aufhellung in jeder Hinsicht sorgen.

Die Männer fragten nach unserem Tag. Oh ja, wir hatten es auch schön, strahlten wir sie an. Wenige Minuten später legten wir unsere Winterjacken an verschiedenen kleinen Haken ab und wurden nun zu den Tischen geführt. Keiner sagte ein Wort. Wir schielten zueinander und platzten fast vor Spannung. Es war unglaublich. Wir saßen unserer besseren Hälfte in einem super tollen, neuen Pullover gegenüber und sie merkten nichts. Nicht einmal, dass dies fünffach in dem Raum der Fall war. Auch nicht: „Oh, ist der neu?" oder ähnliches. Was hatten wir bloß für Männer? Unaufmerksame Gewohnheitsmenschen! Enttäuschung lag in der Luft.

Das junge Pärchen am Nebentisch lachte, tuschelte

und sah sich in der Runde um. Die laute Frage des jungen Mannes, wem man denn gratulieren dürfe, oder etwa allen fünf Damen, brach das Schweigen und jetzt fiel es auch unseren Liebsten wie Schuppen von den Augen. „Ihr seht ja toll aus und überhaupt – so eine Überraschung!" Die Stimmung wurde dann doch noch sehr gelöst und lustig.

Ja, das war der Anfang von vielen, schönen Pullover-Geschichten. Wann immer wir miteinander verreisten, gehörte er ins Gepäck. Nach vielen Jahren, es waren bestimmt 10 Jahre seit dem Kauf der Pullover vergangen, erzählten wir einer Bedienung am Frühstücksbuffet unsere Geschichte. Sie fand die Idee so nett, die Pullover schön und nach so langer Zeit immer noch prima passend – „Respekt", meinte sie.

Aber das Allerbeste sei die lange Freundschaft und das Miteinander – Zeit – verbringen. Wie heißt es: „Sei nicht traurig über das, was nicht mehr sein kann, sondern dankbar für schöne Erinnerungen."

So ist es jetzt. Die noch da sind von uns, haben ihren Pullover im Schrank – und der bleibt! Neulich habe ich ihn gewaschen und ich denke, ich werde ihn wieder einmal anziehen, einfach so.

Margrit Prauß, August 2023

Geburtstags-ABC

Für Julian, das Schaltjahr - Kind

 - Alle 4 Jahre zum Wiegenfeste
sind wir besonders gern deine Gäste.

 - Bist nun 16 Jahre alt,
machst Musik, die laut erschallt.

 - Ceylon ist ein Urlaubsziel,
auch als Tee trinkt man ihn viel.

 - Du bist AC-DC - Fan,
hörst auch andre Bands dir an.

 - Es schmückt vom Sammeln eine Wand
mit Kronkorken aus manchem Land.

 - Februar ist Sternbild Fisch,
bei dir kommt Backfisch auf den Tisch.

 - Gehst täglich ins Gymnasium,
da lernt man viel und bleibt nicht dumm.

– Heut' wünschen wir – das ist doch klar –
ein tolles neues Lebensjahr.

– Immer optimistisch sein,
Sorgen werden dann ganz klein.

– Jeden Tag ein Lächeln schenken,
an Menschen, die gern an dich denken.

–Kein Kopfweh, kein Stress, kein Seelenschmerz –
Gesundheit stärkt ja jedes Herz.

– Lieber Sommersprossen
als gar keine Gesichtspunkte haben.

– Mit viel Schwung und voll Elan
fang das nächste Jahr gut an.

– Nicht verzagen, manches wagen,
vieles fragen und auch sagen.

– Ob gute oder schlechte Tage –
stell' eine Freundschaft nicht in Frage.

– Partys feiern macht viel Freude,
hast du dafür nette Leute.

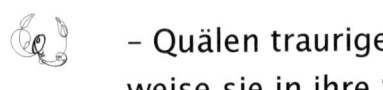 – Quälen traurige Gedanken –
weise sie in ihre Schranken.

– Rat in allen Lebenslagen –
den Computer kannst du fragen.

– Suche deinen Weg im Leben,
ist er auch nicht immer eben.

– Tolerant sein, hilfsbereit –
ist beliebt zu jeder Zeit.

– Urlaub – schönste Zeit im Jahr,
manche Träume werden wahr.

– Vertrau' nicht Jedem, prüfe erst,
ob er dessen ist auch wert.

 – Wir wünschen dir Zeit, nach den Sternen zu greifen,
Zeit, um zu wachsen, d.h. um zu reifen.

– X–beliebig zu entscheiden,
solltest möglichst du vermeiden.

– Yahoo.de – nun ist fast Schluss,
weil's ABC hier enden muss.

– Zufrieden sagt nun Groß und Klein:
„Froh und glücklich sollst du sein!"

Hannelore Wolf, Juli 2023

Wenn Generationen aufeinandertreffen

Nach der Geburt, das frischgeborene Baby im Arm zu halten, ist ein so unbeschreiblich schöner Glücksmoment, den wir zweimal erleben durften. Wir als Eltern, haben uns das Versprechen gegeben, in der Erziehung alles richtig machen zu wollen. Doch, was heißt „Alles richtig machen"? Wir hatten keine Prüfung und auch keinen „Erziehungs-Berechtigungsschein" ablegen können. Wir sind einfach ins kalte Wasser gesprungen, auch mit der Hoffnung, dass alles irgendwie gehen wird. Die Kinder werden uns schon „beibringen", was wir tun müssen. Auf jeden Fall wollten wir unsere Kinder anders erziehen - wie „anders"? - das wussten wir nicht so genau.

Einig waren wir uns darüber, dass wir Grenzen setzen und Regeln vorgeben, die jedoch nicht so streng sein sollten; mehr mit den Kindern reden und alle Fragen zulassen, damit sie Zusammenhänge und ihr Tun besser verstehen, und mehr auf die Bedürfnisse eines jeden Kindes eingehen, damit sie selbstbestimmte Entscheidungen treffen können. Dies alles würde anders sein als wir es selbst erlebt haben.

In unserer kleinen zweieinhalb-Zimmer Neubauwohnung waren unsere Kinder stets und ständig mit uns zusammen. Sie kannten keine verschlossenen Zimmertüren, weder zum Schlafzimmer- als auch zum Badezimmer. – Dies habe ich bei meinen Eltern ganz anders erlebt. Für mich wäre es unvorstellbar gewesen, zusammen mit meiner Mutter oder gar mit dem Vater ins Badezimmer zu gehen. Ich hatte meine Eltern niemals unbekleidet gesehen – das war für mich ganz normal.

Meine Eltern sahen natürlich, dass wir unsere Kinder anders erziehen, dass wir mehr Zeit mit ihnen verbrachten als sie damals für uns zur Verfügung hatten, dass wir ganze Tagesabläufe nach den Wünschen der Kinder gestalteten, was ich selbst nie erlebt hatte. Mein Vater machte so manche spitze Bemerkung, wie „ihr werdet schon sehen, was ihr euch da heranzieht" oder „passt nur auf, dass sie euch nicht auf dem Kopf herumtanzen". Wir lächelten nur und vertrauten unseren Kindern.

Unsere Kinder wuchsen heran und verbrachten viele Urlaubs- und Ferienzeiten bei den Großeltern, die sie über alles liebten. Sie waren gern mit ihnen zusammen, am liebsten jedoch ohne uns. Es war so schön mit anzusehen, wie liebevoll und sanft sie miteinander umgingen. Mein Vater, der zu seinen Kindern so streng und mit sich selbst sehr diszipliniert war, wurde weicher und viel verständnisvoller.

Unsere Kinder lernten Lebensmittel zu essen, die sie bei mir abgelehnt hätten. Jeder ging auf jeden einen Schritt zu. Wie sehr hätte ich mir als Kind solch einen ausgeglichenen Vater gewünscht. Er holte die Zeit, die er für seine Kinder nicht hatte, mit seinen Enkeln nach. Unsere Kinder spielten mit ihm Karten, lernten bei ihm Schach und, was ganz neu für mich war, er alberte sogar mit ihnen herum, dass meine Mutter zeitweise darüber sehr erstaunt war.

Unsere Kinder hatten eine schöne, unbeschwerte Zeit bei ihren Großeltern. Hier gab es feste Regeln und Verabredungen, die die Kinder einhielten. Das kleinste Enkelkind saß immer an der rechten Seite meines Vaters, links von ihm saß meine Mutter. Die Kinder spürten aber auch, dass es Dinge gab, die nicht verhandelbar waren, wie Essens-, Schlafens- und Fernsehzeiten, Dinge, für die es bei uns zu Hause keine strengen Regeln gab. Sie kamen damit gut klar, konnten immer gut unterscheiden, wo sie wie sein durften.

Auch kam es vor, dass nur eins von beiden Kindern bei meinen Eltern längere Zeit verbrachte. Unsere 5jährige Tochter musste sogar mal sechs Wochen am Stück bei ihnen bleiben. Nach anfänglichen Heimwehattacken hatte sie sich mit meinen Eltern sehr arrangiert. Sie wurden öfter mit „Mutti" und „Papi" gerufen, im Gegensatz zu mir, wenn sie mich „Oma" nannte.

Unsere Kinder waren sehr aufgeweckt, beobachteten alles und stellten jede erdenkliche Frage. Meine Eltern, die früher davon eher genervt waren, zeigten sich offen und verständnisvoll. Aber immer öfter kam es dadurch auch zu manch komischer Situation. Über zwei Begebenheiten, die uns noch lange im Gedächtnis blieben, möchte ich hier berichten.

Begebenheit 1: Das nachhaltige gemeinsame Kaffeetrinken

Wir saßen bei meinen Eltern am Kaffeetisch, unsere Tochter, viereinhalb Jahre alt, saß neben dem Opa und schaute ihn lange und nachdenklich an. Meinem Vater war es schon unangenehm, so lange angeschaut zu werden und meinte: „Iss schön deinen Kuchen!" Worauf unsere Tochter fragte: „Opi, hast du Schmerzen?" – „Nein. Warum fragst du?" wollte er wissen.

„Tut dir das nicht weh?" und zeigte auf seine linke Seite, „du hast doch nur einen Arm!" Mein Vater verschluckte sich am Kaffee und räusperte sich. Plötzlich wurde es still am Tisch.

Keines seiner Kinder hätte ihn dies jemals gefragt. Mein Vater hatte durch eine Kriegsverletzung nur einen Arm! Ich kannte ihn schon immer nur so und hatte mir darüber keine Gedanken mehr gemacht. Denn über das Wie, Wann, Warum wurde in meinem Elternhaus geschwiegen. Einmal erwähnte meine Mutter auf meine Nachfrage nur, dass mein Vater eine sehr schwere Zeit durchgemacht habe, er sehr lange durch die Kriegsgeschehnisse traumatisiert war und dass er darüber nicht reden wolle.

Er hat mit einem Arm genauso viel und kräftig gearbeitet, wie ein anderer Mann mit beiden Armen – das war sein Anspruch. Er hatte sich auch nie darüber beklagt, dass ihm ein solches Schicksal zuteilwurde – er war doch Soldat im Krieg und – noch am Leben! Nun stellte ausgerechnet die Kleinste am Kaffeetisch eine solche Frage. Er antwortete: „Ja, ich hatte große Schmerzen...", sie ließ ihn nicht ausreden: „Opi, nein Opi, du sollst keine Schmerzen haben", sie ging auf die andere Seite, streichelte seinen vom Pullover bedeckten Armstumpf und lehnte ihren Kopf daran. Diese Situation kam für uns alle unerwartet und war sehr berührend, dass mein Vater sogar feuchte Augen bekam – Tränen, nein! Tränen durften nicht sein! Jungen weinen doch nicht! Er stand auf und verließ das gemeinsame Kaffeetrinken.

Begebenheit 2: Der gemeinsame Gang ins Badezimmer

Unsere Tochter blieb stets an der Seite meiner Eltern. Sie hatten ein großes Haus, in dem ein Kind viele geheimnisvolle Ecken entdecken konnte. Schon deshalb blieb sie nicht gern allein. Sie hatte aber gar keine Hemmungen, mit meinem Vater überall hinzugehen, auch gemeinsam ins Badezimmer.

An einem späten Samstagnachmittag wollte mein Vater ein Bad nehmen und schickte unsere Tochter zur Oma. Sie guckte ihn fragend an: „Wieso kann ich nicht mit dir ins Badezimmer?"
„Na, ich möchte allein sein im Badezimmer" gab er postwendend zur Antwort.

„Warum willst du allein sein?" fragte sie neugierig geworden und fügt schnell hinzu: „Ich weiß, ich weiß, warum du allein sein möchtest".

Nun wollte mein Vater es genau wissen: „Was denkst du wohl, warum ich allein sein möchte?"

Sie hielt inne und überlegte ganz kurz: „Na – du willst dir dein Gebiss 'rausnehmen und ich soll das nicht sehen." Mein Vater schmunzelte und war so perplex über diese Antwort, die ihm nie in den Sinn gekommen wäre. Sie hat damit sein Herz noch größer gemacht als es eh schon war.

Oma kam und rettete ihn aus dieser für ihn heiklen Situation.

Ich freue mich darüber, dass sich die Kindererziehung von Generation zu Generation verändert und damit das Miteinander in der Familie und nicht zuletzt auch in der Gesellschaft verbessert wird!

Christiane Eisold, 2023

„Ick hab wieder jar nüscht!"

Unsere beiden Söhne waren noch klein, fünf und sieben Jahre alt. Unser Ältester ging schon zur Schule. Dort erfuhr er, dass andere Mitschüler einen Kassettenrecorder besaßen, und sofort war es sein innigster Wunsch, auch einen von diesen Zauberapparaten zu besitzen. Man könnte alles aufnehmen: seinen kleinen Bruder, wenn er sang oder Gedichte aufsagte, seine Mutter könnte man interviewen und alles Mögliche fragen, die Antworten würde man, wann immer man wollte, abhören. Ebenso seinen Vater hätte er interviewen oder auch sich selbst hätte er sprechend aufnehmen können. Reportagen würden möglich sein, auch Musikaufnahmen könnte man dann sammeln! Ach, so viele Möglichkeiten!

Da so ein Wunderding nicht etwas war, was man so eben mal nebenbei kaufen konnte, wurde das also sein größter Wunsch zu Weihnachten.

Die Wartezeit bis dahin wurde lang, aber endlich war es so weit: Das Weihnachtsfest sollte gefeiert werden – die Erwartung und Anspannung stieg!

Das Wohnzimmer war festlich geschmückt, die Päckchen von Oma und Opa aus Westdeutschland lagen unter dem glitzernden Weihnachtsbaum, auch die Gaben von Onkel und Tanten und natürlich auch von uns warteten auf den Moment, in dem sie geöffnet werden könnten.

Das Glöckchen zur Bescherung ertönte, die Kinder durften ins Weihnachtszimmer. Mit großen Augen staunten sie über den bunt geschmückten Tannenbaum, und die Blicke gingen natürlich gleich zu den Geschenken. Aber erst sangen wir all die schönen alten Weihnachtslieder. Und unser Jüngster sagte mit krächzender Stimme – er war sehr stark erkältet – ein langes schönes Gedicht vom Weihnachtsmann auf: „Hört, gestern Abend so gegen sieben..." Das hatte er in der Vorschule gelernt. Danach durften die beiden Kinder endlich die Päckchen öffnen, das Papier raschelte, wurde zur Seite geschoben und mit großem „Ah" und „Oh, guck mal, von Oma und Opa", „und hier von Mutti und Vati, toll, daaanke!" begleitet. Herzliche Umarmungen fanden statt, besonders der Kleine war glücklich. Der Große war auch mit dabei, sich überrascht über das eine oder andere Geschenk zu freuen, aber umso länger das Auspacken und Staunen dauerte, umso stiller wurde er...

Nach einer ganzen Weile konnte er nicht mehr an sich halten; all die schönen Geschenke machten ihn nicht froh und glücklich! Er hatte auf das eine gewartet: den Kassettenrecorder!

Seine ganze Enttäuschung entlud sich mit dem Satz: „Ick hab wieder jar nüscht!" und dann fing er an zu weinen.

Da konnten mein Mann und ich es nicht länger mehr aushalten: Wir zeigten auf den Weihnachtsbaum und sagten: "Schau mal genau hin!" Und da entdeckte er, tief in den Zweigen versteckt, noch ein Geschenk: den Kassettenrecorder!

Die Tränen versiegten, und unser Großer war überglücklich und stolz: Jetzt besaß er auch so ein Wunderding!

Der Satz „Ick hab wieder jar nüscht!" ist bei uns in der Familie ein ständiger Ausspruch (eine ständige Redewendung) geworden, und jedes Mal, wenn ihn jemand sagt, lachen oder schmunzeln wir, natürlich auch unser Großer!

Woher ich das alles so genau noch weiß?

Mein Mann hatte, als er den Kassettenrecorder im Tannenbaum versteckte, den Knopf auf Aufnahme gestellt und somit war die gesamte Bescherung auf einer Kassette festgehalten worden. Später hat sogar einer unserer Söhne davon eine CD pressen lassen, eine wunderschöne Erinnerung!

Hanne Pluns, September 2023

Mimi

Früher bin ich immer zu meiner Oma „Mimi" aufs Dorf gefahren.

Ich hatte zwei Omas, die eine wohnte mit uns zusammen und war „Omi" und die andere wohnte auf einem Dorf und war „Mimi". Für mich war es ein Dorf, da es sehr klein war und sich an einem großen Feld befand. Es hieß und heißt heute noch wie ein Dorf, nämlich Stahnsdorf.

In den Ferien, auch mal an einem Wochenende, war ich oft dort, denn es war so schön abenteuerlich. Entweder fuhr mich mein Vati hin oder ich fuhr mit dem Bus. Bus fahren fand ich nicht so schön, denn wenn es um das Aussteigen ging, hatte ich immer ein bisschen Bammel. Man musste einen Knopf drücken, der oberhalb der Tür war, damit der Busfahrer wusste, dass man aussteigen will. Leider war ich zu klein, um an diesen Knopf zu kommen und hoffte jedes Mal, dass ein anderer Fahrgast mit mir aussteigen würde. Meistens musste ich jemanden fragen.

Dann ging ich gut gelaunt die kleine Straße entlang, bis ans Ende. An der Ecke war das Haus von meiner Oma Mimi.

Vor dem Haus war ein Garten, ein Naturgarten, so belassen, wie eben alles wächst. Der Weg zum Haus war rechts und links mit einem schmalen Blumenbeet gesäumt. Rechts im Garten standen ein Apfelbaum und ein kleiner Pflaumenbaum. Links im Garten stand ein ganz kleiner mickriger Kirschbaum und es gab da noch einen Strauch oder Busch, ich kann das gar nicht richtig erklären. Da konnte man drunter sitzen und wurde nicht nass, wenn es regnete.

Das Haus war ganz einfach. Ein Holzhaus, in der Mitte eine Tür, links die Fenster der Veranda und rechts ein kleines Fenster mit grünen Fensterläden. Es roch in dem Haus ganz anders als bei uns zu Hause.

Mimi freute sich immer auf meinen Besuch. Sie hatte das kleine Fenster geöffnet und schaute heraus und wartete bereits auf mich. Entweder hatte sie schon Kuchen gebacken oder Schokoladenpudding bzw. „Wackelpudding" mit Vanillesoße vorbereitet.

Es gab eine Küche, eine Stube und einen kleinen Schlafraum. Geheizt wurde mit dem alten Ofen in der Stube oder im Herd in der Küche. Die Toilette war im Garten, ein „Plumpsklo", neben dem Schuppen. Das war nicht abenteuerlich, schon gar nicht in der Nacht.

Ein Bad gab es nicht. Dafür stand in der Küche gleich

am Eingang ein Schrank. Hier konnte man das obere Schubfach aufdrehen und es erschien ein rundes Waschbecken. Über dem Schrank hing ein Spiegelschrank.

Ein Wasserhahn war weit und breit nicht zu sehen, es gab ja im Garten eine Wasserpumpe. In der Küche stand noch ein Tisch vor dem Fenster, dieser hatte auch eine Schublade zum Herausziehen, diesmal waren es zwei runde Schüsseln, es war der Abwaschtisch.

Einen Kühlschrank hatte sie lange nicht. Ich war einmal dabei, als der Eismann kam. Nicht der mit dem süßen Eis, nein, er hatte eine ganz lange Stange gefrorenes Wasser dabei. Diese wurde in einem Schrank abgelegt, wodurch dann die Kühlung für Lebensmittel erfolgte. Später bekam sie dann unseren Kühlschrank, da wir uns einen neuen gekauft hatten.

Wenn ich an den Wochenenden da war, war ja nicht viel Zeit und so freuten wir uns immer auf mehrere Runden Canasta, bis spät in die Nacht. Zwischenzeitlich gab es dann auch Abendbrot. Ich war immer sehr fasziniert davon, wie Mimi das Brot schnitt.

Mit der linken Hand wurde das Brot am Körper gehalten und mit einem kleinen Messer ringsherum die Scheibe abgeschnitten. Auch gab es meistens andere

Wurst und anderen Käse als zu Hause. Ich durfte mir auch öfter „Brandstulle" machen. Sie hatte ja einen Herd mit Feuer. Wenn der an und die Herdplatte schön heiß war, legte ich eine Schwarzbrotscheibe darauf und wartete, bis sie braun wurde, dann wurde sie gewendet. Anschließend schön mit Butter beschmiert und ganz viel Zucker darauf. Hmm, das war lecker. Manchmal war es schon sehr braun, deshalb der Name.

In der Stube gab es ein schmales Sofa und eine breitere Liege. Ich habe mal da und mal da geschlafen. Schön war es, am Morgen das kleine Fenster und die kleinen grünen Fensterläden zu öffnen, herauszuschauen und die Stille des Ortes zu genießen.

In den Ferien gingen wir dann gemeinsam einkaufen. Es ging mal in den kleinen Laden „Oertel", der ein Stück im Wald lag, Richtung Kienwerder. Hier gab es keine Selbstbedienung. Auf der einen Seite gab es Frischwaren, wie Wurst und Käse, auf der anderen Seite Gemüse und in der Mitte alles andere, wie zum Beispiel Konserven. Mal ging es zum HO oder zum Konsum in der Hauptstraße und manchmal auch in den Ort zu „Strutzke", ein Schreibwarenladen mit Spielsachen und mehr.

Mimi arbeitete als Verkäuferin, in einem Zeitungs-kiosk, meistens am „Stahnsdorfer Hof". Das hat sie auch noch gemacht, als sie in Rente war.

Dadurch hatte ich Glück und bekam so manche rare Zeitung oder besondere Magazine zum Lesen. Auch habe ich manchmal Zeitungen oder Zeitschriften ausgetragen. In der kleinen Straße, gab es den Einen oder Anderen, der bei Mimi Zeitungen bestellte. Für mich war das auch immer sehr lukrativ.

Manchmal kam auch mein Bruder mit, dann haben wir uns einen „Flitzebogen" im Garten gebastelt und auf das Fallobst mit unseren selbst gebastelten Pfei-len geschossen. Auch das Canasta spielen zu dritt hat viel mehr Spaß gemacht.

Meine große Halbschwester kam seltener zu Besuch und dann war es ganz schön voll in der kleinen Stube und in der Nacht ziemlich eng in den Betten.

Ich könnte noch vieles berichten, vielleicht ein ande-res Mal.

Ellen Wutschik, September 2022

Bubi

Als unser Sohn in der Grundschule das Thema „Haustiere" im Fach Heimatkunde hatte, nervte er uns mit dem Wunsch, ein Haustier zu besitzen. Am liebsten einen Hund oder eine Katze. Seine zwei Jahre jüngere Schwester stimmte in diesen penetranten Gesang mit ein. Wir als Eltern hatten wohl Verständnis dafür, dass beide diesen Wunsch hegten, aber sagten aus guten Gründen „Nein".

Wir hatten dafür auch gute Argumente: eine zu kleine Wohnung und zu wenig Zeit, um uns noch um Tiere kümmern zu können. Wir stellten auch Fragen: Wer bleibt beim Tier, wenn beide zur Schule gehen und wir auf der Arbeit sind?

Wer betreut das Tier, wenn wir im Urlaub sind und das Tier nicht mitgenommen werden kann? Wer kümmert sich um das Tier, wer füttert oder pflegt es? Wer hält den Platz für das Tier sauber? Alle diese Fragen wurden mit „Wir, wir, wir" beantwortet. Wir wussten, dass diese spontanen Antworten nicht tiefgründig durchdacht waren. Die Kinder gaben jedoch nicht auf. Sie bohrten weiter und weiter, bis wir uns darauf einließen, alle möglichen Tiere durchzusprechen, die bei uns als Haustiere in Frage kommen könnten.

Das Ergebnis war: Hund oder Katze – waren bereits abgelehnt. Meerschweinchen oder Hamster – keine Chance! Fische – nein! Vögel – kein klares nein. Mein Mann meinte, dass er einen Wellensittich, namens Peter, hatte, der für ihn keine Belastung war. Er sei fein, lieb und witzig gewesen und machte der ganzen Familie Freude. „Ja, Deine Mutter erzählte mir, dass sie viel Arbeit damit hatte", warf ich ihm entgegen. Er wies diese Behauptung entschieden zurück und sagte: „Ich habe mich um den Wellensittich selbst gekümmert."

„Wie dem auch sei", dachte ich, „an einem von uns wird die Arbeit immer hängen bleiben". Ich verstand, dass sich mein Mann einen Wellensittich bei uns gut vorstellen könnte – ich jedoch nicht. Die Kinder baten und flehten: „Papi hatte auch einen Wellensittich, warum dürfen wir keinen haben?"

Unser Sohn war so von dieser Idee angetan, dass er Literatur über Wellensittiche aus der Bibliothek holte. Das war berührend und hat uns sehr gefreut. Er brannte für einen Wellensittich und unsere Tochter sowieso. Ich ertappte mich einige Male, dass ich mit meinem Mann über einen Wellensittich sprach und ihn fragte: „Wie wäre es wohl, wenn wir einen hätten?" Er lächelte und wusste, das Eis war gebrochen. Ein paar Tage später erzählte ich meinen Kollegen auf der Arbeit von unserem konsequenten Plan, dass wir uns kein Haustier anschaffen wollten und nun doch über einen Wellensittich nachdenken. Meine Kollegen ermunterten mich, es zu tun.

Eine Kollegin, die ein großes Herz für Tiere hatte, sprach davon, dass ihre Familie Wellensittiche züchtet und ich einen davon bekommen könnte. Sie hätte gerade ein so liebes Pärchen, von dem die Abkömmlinge ebenso „lieb" sein würden. Das ging mir alles viel zu schnell, ich wollte mich noch nicht entscheiden. Sie aber hatte bemerkt, dass unsere Familie sich sehr über ein so kleines Wesen freuen würde.

Wenige Tage nachdem ich zugestimmt hatte, übergab sie uns eine Schachtel, die etwas größer war als eine Streichholzschachtel, mit kleinen Löchern an der Oberseite. Ganz vorsichtig schoben wir sie auf, heraus kam ein kleiner zarter Wellensittich, der aussah wie ein gelb-grüner Wattebausch mit fast durchsichtigen Füßchen.

Die Kinder nahmen ihn vorsichtig heraus und setzten ihn in den Vogelbauer, den die Kollegin uns mit allem Zubehör mitgebracht hatte. Sie gaben ihm den Namen „Bubi". Über das Geschlecht waren wir uns nicht einig. Der eine sagte so, der andere so. Doch egal – Bubi war ab jetzt einer von uns!

Mein Mann war genauso vernarrt in Bubi wie die

Kinder. Bubi legte seine anfängliche Schüchternheit sehr schnell ab. Wir wohnten gefühlt in einem großen Käfig. Der Bauer stand den ganzen Tag offen. Abends wurde Bubi in den Käfig gesperrt und abgedeckt. Wenn er ruhig war, waren auch die Kinder still und schliefen darüber schnell ein. Bubi bestimmte so manche Tagesabläufe.

Mit Bubi wurde unser Leben bunter, aufregender, einfach noch lebendiger. Unser Sohn hatte sein Versprechen eingehalten und sich sehr liebevoll um das Wohl und Wehe des Vogels gekümmert. Die Tochter brachte ihm viele Dummheiten bei, wie Kleinkram – Radiergummi, Stifte und Papierschnipsel – vom Tisch zu schubsen. Bubi hielt dann seinen Kopf schräg, um zu schauen, wo das Zeug hingefallen ist.

Manchmal flog er auch hinterher. Er fasste schnell Vertrauen zu unseren Kindern und meinem Mann. Sie hatten viel Freue an und mit ihm. Unser Sohn bemühte sich, ihm das Sprechen beizubringen. Er saß auf seinem Finger, ganz dicht vor seinem Gesicht, und sprach gebetsmühlenartig: „Bubi", und später auch „Bubi lieb".

Irgendwann, in einem ruhigen Moment, hörten wir Bubi diese Worte wiederholen. Da leuchteten die Kinderaugen. Diese empfangene Freude kann man nicht mit ein paar Worten beschreiben. Bubi konnte auch

ganze Sätze im Tonfall wiedergeben, wie beispiels-
weise, wenn ich mit einem mahnenden Unterton die
Ansage machte, das Kinderzimmer aufzuräumen.
Bubi konnte dies perfekt nachmachen, sodass die
Kinder sich darüber köstlich amüsierten. Ich selbst
war über mein Echo eher erschrocken.

Bubi hatte alle Freiheiten. Er hielt sich dort auf, wo
die Kinder waren, machte mit ihnen Schularbeiten,
indem er Stifte „sortierte" oder auch das Papier an-
knabberte. Mit Vorliebe saß er auf der Schulter, so-
gar bei unserer Tochter, wenn sie Flöte spielte. Hier
knabberte er an den Haaren, manchmal auch am
Ohrläppchen, insbesondere wenn sie Ohrringe an-
stecken hatte. Diesbezüglich war er wie eine Elster.
Alles, was glänzte, interessierte ihn und musste un-
tersucht werden. Wenn unser Sohn Gitarre spielte,
saß Bubi währenddessen auf dem Griffbrett, bei den
Gitarrensaiten.

So ein kleiner Wellensittich hat bei aller Freude auch
Schattenseiten, die wir akzeptieren mussten – er
war nicht stubenrein! Er hinterließ seinen Vogelkot,
wo immer es ihm beliebte. Hätte ich das bloß schon
vor der Anschaffung gewusst… Der Vorteil aber ist,
dass dieses kleine Häufchen hart wird und schnell
beseitigt werden kann. Wir konnten aber den Vogel-
kot in der ganzen Wohnung finden, sodass ich das

freie Fliegen nur im Kinderzimmer duldete. Leider waren unsere Kinder stets so beschäftigt, dass sie vergaßen die Türen hinter sich zu schließen. Auch saß Bubi gern oben auf der offenstehenden Tür. Von hier aus konnte er das Geschehen im Kinderzimmer wie auch in der Stube beobachten, jedoch mit dem Risiko, eingeklemmt zu werden. Dies passierte dann auch prompt – er büßte dabei zwar nicht sein Leben, aber seine Schwanzfeder ein, die er zum Ausgleich beim Fliegen benötigte, sodass er schwankend auf dem Boden landete. Bubi konnte lebensbedrohliche, riskante Situationen nicht einschätzen, auch ein offenstehendes Fenster nicht, das seine Freiheit aber auch den Tod bedeuten konnte.

Bubis Lieblingsplatz war oben auf einem Bücherregal, das am Kopfende des Schlafsofas unserer Tochter an der Wand montiert war und vom Sofa bis hoch zur Decke reichte. Hier konnte er alles Erlernte praktisch anwenden, wie die Bücherumschläge anknabbern und Papierschnipsel herunterschubsen. Dies war auch sein auserwählter Landeplatz, um vorzugsweise sein Geschäft zu erledigen. Alles landete auf dem Kopfkissen unserer Tochter, die ihm alles verzieh.

Bubi hatte 2 bis 3mal im Jahr die Mauser. Dann gab es viele kleine Federn aufzusammeln, die unmöglich alle an seinem Körper gewesen sein konnten. Diese

Zeit war nicht nur Stress für Bubi, sondern auch für uns. Wir mussten die vielen Federn mit dem Staubsauger entfernen. Wenn jedoch der Staubsauger anging, flog Bubi sehr verängstigt schnurstracks in seinen Bauer und bleib starr auf der Stange sitzen. Unsere Kinder berichteten, dass sie ihn einmal versehentlich mit dem Staubsauger angesaugt hätten, er blieb vorn an der Düse „kleben". Erst mit dem Ausschalten des Geräts konnten sie ihn aus der misslichen Lage befreien. Dieses Erlebte brannte sich tief bei ihm ein. Wir kannten nun den Grund seiner Angst und legten fest, dass Bubi samt Bauer während des Staubsaugens aus dem Kinderzimmer herausgetragen wurde.

Auch hatte Bubi eine Marotte. Er reagierte sehr heftig und lebhaft auf die Farbe Grün. Ich war in der Küche, die Kinder nicht zu Hause, und „badete" die frisch im Garten geernteten grünen Bohnen. Bubi hörte mich in der Küche werkeln und kam angeflogen. Er muss während des Anflugs die grünen Bohnen registriert haben, denn seine Reaktion war außergewöhnlich ungestüm.

Er schoss, wie ein Pfeil ins Wasser, setzte sich auf die grünen Bohnen und erschrak offensichtlich, als er wie ein Küken im Wasser saß. Ich konnte ihn retten und zum Bauer zurücktragen, sein Herz klopfte fühlbar stark. Bubi lernte auch nichts aus dieser Situation. Er reagierte im Wiederholungsfall genauso intensiv. Gleiche Reaktionen erlebten wir mit einem Salatblatt oder der Vogelmiere, die seine Lieblingsspeisen waren. Hier kannte er keine Vorsicht, was wir seltsam fanden.

Inzwischen war Bubi schon fast 9 Jahre bei uns und erfreute sich bester Gesundheit. Unsere Kinder sprachen immer öfter darüber, dass sie sich ein Leben ohne Bubi nicht vorstellen können. Keiner von uns mochte sich vorstellen, dass Bubi eines Tages tot sein könnte ….

Wir planten eine Auslandsurlaubsreise und brachten zu diesem Zweck Bubi nicht zur Nachbarin, sondern zu den Großeltern nach Dresden. Die Eltern meines Mannes liebten Wellensittiche und freuten sich, drei Wochen auf ihn aufpassen zu dürfen. Wenn Bubi bei uns schon königlich behandelt wurde, so wurde er hier kaiserlich betreut. Dies zeigte sich darin, dass er nur das Beste vom Besten bekam. Oder bei einer kleinsten Verstimmung ein Taxi zum Tierarzt bestellt wurde. Meine Schwiegereltern waren schockverliebt in Bubi. Er war auch sehr zutraulich zu ihnen und vermisste uns gar nicht.

Nach unserem Urlaub fuhren wir nach Dresden, um Bubi zurückzuholen. Meine Schwiegereltern baten darum, Bubi behalten zu dürfen, er hatte ihrem grauen Alltag viel Licht gegeben. Unsere Kinder waren den Tränen nahe. Am Ende stimmten sie dem Verbleib von Bubi in Dresden zu, weil sie sahen, wie froh und lebendig er hier war. Sie konnten ihn jederzeit besuchen. Hier lebte er noch weitere zwei Jahre, bis er sehr plötzlich an einer Infektion verstarb.

Wir alle waren traurig. Er hatte ein schönes Leben und war für eine Zeit der Dirigent unseres Alltags. Er war nicht nur ein Freund, sondern ein Teil unserer Familie. Wir alle waren froh, ein Stück Leben mit ihm gemeinsam verbracht zu haben – in dieser Zeit ist er uns sehr ans Herz gewachsen. Unvorstellbar, dass wir uns beinahe gegen ihn entschieden hätten. Schöne Erlebnisse, die uns bereichert haben, würden uns einfach fehlen.

Christiane Eisold, August 2023

Das kleine Familien - ABC

Familie, das ist doch klar,
hat man ja, das ganze Jahr.

Am Anfang ist sie noch sehr klein,
sie wächst und wächst, von ganz allein.

Mal sehen, was kommt als nächstes dran?
Ein Haus, ein Auto, ein Caravan?

Ist es nicht schön mit anzusehen,
wie die Kinder wachsen und aus dem Hause gehen?

Licht im Haus, zur Abendzeit,
da ist die Schar auch nicht mehr weit.

Im Nu vergehen Zeit und Raum,
hat noch einer einen Traum?

Eigentlich kann man doch sagen,
Familie kann man immer wagen.

Nichts ist dem jetzt hinzuzufügen,
Familie ist und bleibt Vergnügen.

Ellen Wutschik, Oktober 2023

Aus der Familie geplaudert

Heute möchte ich einmal eine kleine Geschichte aus unserem Familienleben erzählen...

Es war im Monat Februar des Jahres 2000. Voller Spannung warteten wir mit der werdenden Mutti auf die Geburt unseres nunmehr vierten Enkelkindes. Sie erlebte dieses besondere Ereignis im Leben einer Frau das erste Mal. Für uns gab es bereits zwei Enkeltöchter und einen Buben, die schon sehr neugierig auf ihren kleinen Cousin waren. Der Monat hatte in dem besagten Jahr 29 Tage – also ein Schaltjahr!

„Bitte erblicke nicht unbedingt an diesem Tag das Licht der Welt" – so bat die Schwangere insgeheim ihr ungeborenes Baby! Doch der Kleine wollte diesen Wunsch nicht erfüllen. Julian Elias, so der Name des Neugeborenen, war das erste Baby im Josephs-Krankenhaus in Potsdam, das an diesem besonderen Tag dort auf die Welt kam. So überraschten Zeitungsreporter die junge, noch völlig erschöpfte Mama mit der Bitte um ein kleines Interview und ein paar Fotos für die Zeitung. Sie willigte ein und ließ sich fotogen herrichten. Dann überreichte man ihr für das

Baby eine Spardose in Form eines Teddybären. Darin klimperte das Begrüßungsgeld für den neuen Erdenbürger.

Ja, da hatten wir nun ein Schaltjahr - Enkelkind! Wer am 29. Februar geboren wurde, kann nur alle vier Jahre einen taggenauen Geburtstag feiern. Bringt dieses Datum Pech oder sind es Glückskinder?! Jedenfalls entwickelte sich unser Julian prächtig. Er brachte der Familie viel Freude und lustige Erlebnisse. Manchmal lachten wir herzhaft über seine Einfälle und die eigenen Wortschöpfungen.

Des Öfteren durften wir Großeltern den „Wonneproppen" in Obhut nehmen. Diese Aufgabe übernahmen wir sehr gern und bemühten uns, den kleinen Mann glücklich zu machen. Er freute sich jedes Mal - genau wie wir - über unser Wiedersehen.

Als Julian ca. neun Monate alt war, übernahmen wir für ein Wochenende die Betreuung des munteren Krabbelkindes. Dazu drückten uns die fürsorglichen Eltern eine „Betriebsanleitung" für ihren Sprössling in die Hand. Es war lustig, die Anleitung für die vorgesehene Nahrung mit zeitlichen Vorgaben zur Verabreichung zu lesen.

Na ja, schließlich sollte sich der Nachwuchs wie zu Hause fühlen. Es funktionierte alles bestens und Großeltern samt Enkelkind waren glücklich und zufrieden!

Dieses einmalige Zeugnis eines, um das Wohl ihres Söhnchens, besorgten Elternpaares möchte ich abschließend anfügen und damit vor dem Vergessen bewahren.

Hannelore Wolf, Juli 2023

BETRIEBSANLEITUNG FÜR JULIAN ELIAS

Gegen 11.30 Uhr	Mittagsbrei (Nudeln in Gemüse etc.)
Dazwischen	ein Gläschen Saft (verdünnt mit abgekochtem Wasser)
Gegen 15.00 Uhr	Obstbrei , gerne mal ein Stück Banane oder Apfel
Gegen 19.00 Uhr	Baby-Vollkornnahrung (200 ml haltbare Vollmilch erhitzen, ca. 5 EL Pulver- rosa Packung- einrühren, mit Obstsaft süßen)
Gegen 19.30 Uhr	verdientes Schläferchen
Gegen 07.30 Uhr	185 ml Wasser abkochen, abkühlen und mit 5 Mess-Bechern aus der Folgemilch-Dose anrichten (gut schütteln, Schnuller verstopft sonst, Jule schreit)
Dazwischen	Banane, Apfel und Joghurt im Glas
Danach	siehe oben

Bei Betriebsstörungen bitte folgende Hotline anrufen...

P. S. zur Geschichte „Aus der Familie geplaudert"

Wie oft geschieht es im täglichen Leben, dass man auf lange zurückliegende Ereignisse stößt? Ist es Zufall oder Vorsehung, wenn eine Unterhaltung etwas Unerwartetes zum Vorschein bringt? So geschah es bei unserer viertägigen Busreise im August: Während einer Schifffahrt auf der Donau saßen mein Mann und ich zufällig mit einer Mitreisenden zusammen, die wir seit etlichen Jahren kennen.

Im Verlauf unseres Gespräches berührten wir unter anderem das Thema Familie, insbesondere die Generation der Enkel und Urenkel. Dabei stellte sich heraus, dass die Urenkelin der Bekannten vor 23 Jahren am 29. Februar geboren wurde. Meine erstaunte, von Lachen begleitete Reaktion auf diese Aussage verwunderte sie zunächst. Die Erklärung hierfür war folgende: Die Geburt meines jüngsten Enkelsohnes geschah am selben Tag im Schaltjahr 2000.

Nun ergab der weitere Gesprächsverlauf, dass beide Babys sogar in der gleichen Klinik das Licht der Welt erblickten. Mein Enkel war zu diesem Zeitpunkt das erste Baby an diesem Tag dort. Wir lachten herzhaft über diesen Zufall in unserem Leben.

Aber damit nicht genug: Bei dem Besuch meiner Tochter in der Woche nach der Reise kam das Thema natürlich noch einmal zur Sprache. Sie bestätigte uns, dass sie tatsächlich mit der jungen Mutti des kleinen Mädchens in einem Zimmer der Klinik gelegen hatte.

Auch sie amüsierte sich sehr darüber, dass dieses Ereignis nach 23 Jahren so plötzlich und völlig unerwartet ein Thema in der Gegenwart wurde.

Ja, so spielt das Leben!

Hannelore Wolf, September 2023

Ein Sonderangebot mit teuren Folgen

Meine Enkeltochter war gerade drei Monate alt, als ich bei LIDL ein Angebot mit einem Schnuffeltuch und ein Kuscheltier mit Rassel in Sonnengelb entdeckte. Beides hatte einen niedlichen Nilpferdkopf. Da sich meine Gedanken ständig um unseren kleinen Sonnenschein drehten, machte ich mich sofort auf den Weg und kaufte eine Packung dieser Kuschel-Utensilien.

Sie wurden auf Schlafnils und Kuschelnils getauft. Es war Liebe auf den ersten Blick. Der Kuschelnils machte mit seiner eingebauten Rassel sehr dezente Geräusche bei jeder Bewegung und der Schlafnils hatte genügend Stellen, die sie ohne große Anstrengungen in der Nacht greifen konnte. Nach kurzer Zeit musste ständig ein Nils bei ihr sein.

Nun suchten wir alle LIDL-Filialen nach übriggebliebenen „Nilsis" ab, denn er musste ja regelmäßig gewaschen werden. Auch bei Oma und der Tagesmutti musste mindestens ein Nils-Pärchen auf sie warten. Bald ging ohne Nils nichts mehr. Ein vergessener Nils war auf jeden Fall ein Grund, zurück nach Hause zu fahren. Als ihre Fingerchen etwas geschickter wurden, drehte sie die Waschanleitung zu einem Schwänzchen zusammen und krabbelte sich damit an der Nase und am Ohr.

Ihre Oma von väterlicher Seite entfernte in guter Absicht diese Waschanleitung von einem Schnuffeltuch und machte es damit wertlos.
Sie hatte immer nur einen Nils bei sich. Mit knapp einem Jahr entdeckte sie bei mir einen zweiten Nils, den ich frisch gewaschen und getrocknet in ihren Schrank räumen wollte. Die Freude war überwältigend, wie man auf dem Bild sehen kann.

Von nun an gab es kein größeres Unglück, als mit unserer Enkeltochter in einer kritischen Situation, bei

Müdigkeit, Schmerzen oder unerfüllten Wünschen ohne Nils unterwegs zu sein. Durch die häufige Benutzung musste nach einiger Zeit das eine oder andere Exemplar aussortiert werden. Einige sind auch, von uns unbemerkt, irgendwo verlorengegangen.

Kurz nach dem Angebot bei LIDL konnten wir mehrere Kuscheltiere für den doppelten Preis bei eBay kaufen. Von Jahr zu Jahr waren sie immer schwieriger zu beschaffen und wurden auch immer teurer. Von Sonderangebot konnte keine Rede mehr sein.

Nils war kein Kuscheltier sondern eine Bezugsperson. Nach einem Einkauf bei IKEA fragte ihr Papa, wo denn der Nils sei. Ihre Antwort war: „Den habe ich einkaufen geschickt." Natürlich drehte der Papa sofort um und sie holte sich ihr Kuscheltier von einem Stuhl aus der Spielecke, wo sie ihn hingesetzt hatte.

Bei einem Dänemark Urlaub wurde versehentlich kein Ersatz mitgenommen. Als der unvermeidliche Waschmaschinenbesuch für Nils an der Reihe war, saß sie auf einem Kinderstuhl vor der Waschmaschine und bewachte den Kuschel-Niels.

Auf vielen Bildern unserer Enkeltochter kann man ei-

nen Nils entdecken und ins Bett gehen ohne Nils –
war unmöglich.

Am Tag der Einschulung war unsere Kleine erst fünf
Jahre alt und der aufmerksame Beobachter hörte ein
leises Rasseln in der Schulmappe.

Auch heute befinden sich noch 2 Nils-Pärchen in un-
serer Wohnung. Wenn uns die heute 14-jährige En-
keltochter besuchen kommt, lege ich manchmal ei-
nen Nils unter ihr Kopfkissen. Dann lächelt sie mich
an und nimmt ihn gerne in die Hand.

Ich liebe noch heute das leise Rasseln. Es ist mit so
vielen schönen Erinnerungen verbunden.

Evelyn Barucker, Juni 2023

Güssel Rex

Mein Mann war mit einer Gruppe seiner Arbeitskollegen nach Hamburg gefahren. Natürlich hatten sie auch vor, zum Fischmarkt zu gehen. Dort gibt es ja bekanntermaßen alles, was man sich nur denken konnte, zu erstehen, und mein Mann kündigte mir spaßeshalber vorher an, er würde mir ein Güssel - ein Gänseküken - mitbringen, was ich aber empört zurückwies.

In unserer kleinen Wohnung ein Güssel, was für eine verrückte Idee!
Ich schlief noch, als mein Mann spät zurückkehrte und wurde erst wach, als ich etwas Weiches, Zartes spürte: ein Güssel!

„Oh, wie süß!" entfuhr es mir und nahm es selig in meine Hände. Erst dann wurde mir bewusst: Er hatte doch tatsächlich diese verrückte Idee wahrgemacht! Klar konnten wir ein Gänsejunges nicht in unserer Wohnung behalten. Deswegen baute mein Mann einen kleinen Verschlag in unserem Garten. Der Garten war Pachtland der Kirche und grenzte an einen Friedhof.

Das kleine Güssel entwickelte sich prächtig, wurde eine hübsche Gans, die wir Regina nannten. Später stellte sich heraus, dass Regina ein Ganter war, und er erhielt den Namen Rex. Gänse leben eigentlich in einem Schwarm und nicht allein. Deshalb flog Rex immer dann, wenn ein Schwarm von Wildgänsen am hohen Himmel schnatternd vorüber zog, auf einen Hügel im Garten, spannte seine Flügel weit auf und begrüßte laut kreischend seine Artgenossen.

Aber auch zu anderen Gelegenheiten machte sich Rex laut rufend bemerkbar: Immer, wenn auf dem Friedhof nebenan eine Beerdigung stattfand und die Trauergemeinde einen Choral anstimmte, flog Rex auf den Hügel, breitete seine wunderschönen Schwingen aus und trompetete so laut er konnte im Wettstreit mit den Sängern oder Musikern, so dass die Trauernden erschrocken innehielten. Sie fühlten sich in ihrer Trauer gestört.

Was aus Rex geworden ist, kann man sich letztendlich selbst denken und braucht hier nicht erwähnt zu werden!

Hanne Pluns

Danke an Rosi M.

Rosi kam aus dem Rheinland
in die Gegend von Berlin,
dann sie wollte in die Nähe
ihrer Töchter zieh'n.
So kam sie nach Teltow, in den Osten,
und konnte unseren Menschenschlag „kosten".

Sie wurde eine unserer „Elfen",
immer bemüht, anderen zu helfen.
Ob im Seniorentreff, oder bei Bekannten,
die sich bald ihre Freunde nannten.

Sie half beim Spielen,
beförderte uns mit ihrem Wagen,
kam zu suchen von Wanderrouten,
ohne viel zu fragen.

Sie brachte mir „Phase 10" bei,
das war beim Spielen „Der letzte Schrei".
Sie tat dies' und vieles andere mehr.
Schlafe gut, liebe Rosi, wir danken Dir sehr.

Gela, November 2022

Für meinen Vater

Abschiednehmen

sprachlos bin ich
schau nur zu
    wo gehst Du hin
    wer bist jetzt Du?
        ich erkenn Dich
        erkenn Dich nicht
        Du bist mein Vater
        bist es nicht
    erreich ich Dich
    wo bist jezt Du?
        ich ruf Dich
        ruf Dich nicht
        Du bist mein Vater
        bist es nicht
Du sitzt nur da
und schweigst
– so nah
        ich rede viel
        und rede nicht
        Du bist mein Vater
        bist es nicht

hilflos bin ich
schau nur zu

und fleh zum Himmel
sende Frieden, sende Ruh!

Hanne Pluns, Mai 2001

Obst bringt nicht immer Gesundheit

Wenn man das Seniorenalter erreicht hat, werden die Erinnerungen an die Vergangenheit immer häufiger. Meist im Zusammenhang mit dem augenblicklichen Geschehen oder auch mit Diskussionen über die Zukunft. Frei nach dem Motto: "Es war alles schon mal da". Wenn man dann über achtzig ist, wird das oft als beginnende Demenz eingestuft. Leider ist es aber so, dass wir damals zu schweigsam waren, uns unserer Vergangenheit nicht gestellt haben und nun einige Erfahrungen von damals an unsere Jugend weitergeben wollen.

Es ist ja schon Jahrzehnte her, dass unsere Menschen unter den Folgen eines Krieges gelitten haben. Kriege die es gab, z.B. Afghanistan, waren ja weit weg und störten unseren Friedenswohlstand nicht. Doch wir Alten wissen noch, was uns die Zeit nach dem Krieg abverlangte. Auch die Familien hatten zu leiden. Waren zerrissen, hatten Väter und Söhne verloren, oder auch keine Bleibe mehr. Viele Familien waren zerstört und das Leben hatte sich gänzlich verändert. Das war auch noch Jahre nach dem Ende des Krieges spürbar. Deshalb möchte ich mit dem Schicksal meiner Familie zum Nachdenken anregen, denn der Krieg in der Ukraine ist gerade wieder dabei unser Leben zu verändern.

Der Krieg war zu Ende und jeder versuchte, irgendwie durchzukommen. Wir hatten einen großen Garten, der uns einigermaßen ernährte. Auch meine Großeltern konnten ebenfalls vom Ertrag ihres Gartens leben und darüber hinaus noch Obst verkaufen, um dadurch das nötigste Geld zum Leben aufzubringen. Sie hatten unter anderem einen Birnenbaum der wohl so vier Meter hoch war. Eines Tages blickte meine Oma nach oben, um zu sehen ob die Birnen, die immer sehr groß und süß waren, bald reif zum Pflücken wären. Sie waren es. Eine ist in diesem Augenblick heruntergefallen und traf Oma voll auf die Stirn. K. O. Sie kam wieder zu Bewusstsein und damit war die Sache für sie wohl erst einmal abgetan. Doch dann wurde ihr oft schwindlig.
Inzwischen waren aber die späten Äpfel reif und die verkaufte Oma nach Berlin, wobei ich sie unterstützte.
Opa befand sich zu diesem Zeitpunkt in der Nervenklinik Teupitz. Es wurde festgestellt, dass es sich

wahrscheinlich um Spätfolgen des ersten Weltkrieges handeln könnte. Er konnte nicht mehr richtig laufen, stürzte oft. Auch konnte er sich nicht mehr körperlich selbst versorgen. Dazu muss man sagen, dass er ein großer kräftiger Mann war, und bestimmt so seine 90 kg auf die Waage brachte. Oma war aber eine zierliche Frau und mit der Pflege total überfordert.

Da zu dieser Zeit außer Vermutungen, wie Multiple Sklerose oder etwas Ähnliches, keine Diagnose möglich war, hatte sich unsere Familie für den Klinikaufenthalt unseres Opas entschieden. So war Oma allein mit allen Problemen. Also auch mit dem Obstverkauf. Meine Mutter konnte nicht helfend eingreifen. Sie war alles andere als gesund. Eine Skoliose und offene Beine ließen ihr wohl kaum eine schmerzfreie Zeit. Dazu hatte sie ja auch noch die Sorge um meinen kleinen Bruder, der gerade mal drei Jahre alt war.

Wer konnte helfen? Nun also musste ich mit meinen 14 Jahren ran. Bloß gut, dass ich in der Schule (8. Klasse) ganz gut war. So musste ich Oma mit den Äpfeln begleiten. Doch es kam noch viel schlimmer. Eines Tages konnte Oma nicht mehr aufstehen. Ihr wurde übel, sie konnte nichts essen und verfiel zusehends. Vormittags wurde sie von einer Nachbarin versorgt und nach der Schule versuchte ich ihr zu helfen. Ich kochte ihr das, was sie sich wünschte, auch wenn sie es nachher nicht essen konnte. Gott sei Dank kam mein Vater aus dem Krankenhaus. Er hatte eine Gallenoperation (Krebs) überstanden. Er kam sofort nach seiner Entlassung, um nach seiner Mutter zu sehen. Rief auch einen Arzt. Der gab Oma Schlaftabletten, damit sie wenigstens nachts vor den Kopfschmerzen Ruhe hatte. Die Dosierung war jedoch zu hoch und Oma wachte am nächsten Morgen nicht mehr richtig auf. Mein Vater sorgte dann dafür, dass sie nach Berlin in die Charité eingewiesen wurde.

Wer sie dort täglich besuchte, war wohl klar. Es war wieder mal meine Aufgabe. Es war nur schrecklich. Wie ein Mensch so verfallen kann. Die einst so hübsche agile Frau war nur noch Haut und Knochen. Diesen Anblick werde ich nie vergessen. In der heutigen Zeit hätte man mir bestimmt psychologische Behandlung verpasst. 1948 war es aber anders und man musste eben auch mit solchen seelischen Belastungen fertig werden.

Oma starb nach einer Woche. Die Obduktion ergab einen Gehirntumor, der eine Hirnblutung hervorgerufen hatte. Wir vermuteten, dass die Ursache die vom Baum gefallene Birne war, da Bewusstlosigkeit die Folge war. Wer weiß das schon genau.

Die Beerdigung war im Dezember. Es war so lausig kalt, dass der Atem in der Kirche gefror. So waren wir alle nach der Beisetzung erkältet.

Da war aber noch der Opa. Er war ja in der Nervenklinik in Teupitz. Ihn durfte ich nun besuchen. Zu dieser Zeit war das eine Weltreise. So ca. 4 Stunden brauchte man. Die Busse waren damals keine Freude. Drei Mal umsteigen. Das letzte Fahrzeug war dann ein zum Bus umgebauter LKW. Von der Haltestelle in Teupitz war es dann noch so ungefähr eine halbe Stunde bis zur Klinik zu laufen. Gott sei Dank musste ich ihn nur zwei Mal besuchen. Es war einfach eine Strapaze. Nun gut, ich hatte sowieso kein besonderes Verhältnis zu Opa. Er war nie so richtig herzlich gewesen. Seine beginnende Krankheit und der Tod zwei seiner Söhne hatten ihm wohl den Lebensmut genommen. Ihn aber so verfallen zu sehen war einfach nur schrecklich. Ein großer Aufenthaltsraum mit den alten ungepflegten Männern, wo auch Opa, mit starrem Gesicht saß. Ich weiß nicht einmal, ob er mich erkannt hat. Ich habe ihm von seinem Garten und von meinem Vater erzählt. Es kam aber gar keine Frage von ihm. Sein Blick war nur starr ins Leere gerichtet.

Kurz nachdem kam dann ein Telegramm aus Teupitz. Opa verstorben - Beisetzungsdatum - nichts weiter. Mein Vater war gerade längere Zeit durch sein Leiden abwesend. Meine Mutter machte sich also auf den Weg nach Teupitz. Sie hatte zwar versucht per Telegramm den Beisetzungstermin zu verschieben, da es ihr in der kurzen Zeit nicht möglich war, irgendetwas zu regeln. Opa sollte in Kleinmachnow beigesetzt werden. Die Post war aber zu der damaligen Zeit so unregelmäßig, dass der Versuch erfolglos blieb.

Dazu gab es dann noch einen Panne des LKW-Busses. So kam meine Mutter erst nach der Beisetzung an. Dadurch hatte sie einfach keine Möglichkeit unsere Vorbereitung, die wir in Hinsicht auf den Zustand Opas mit dem Friedhof festgelegt hatten, durchzusetzen. Als sie in Teupitz eintraf, war die Beerdigung bereits vorbei und Opa im „Leihsarg" bestattet. Eine direkte Umbettung konnten wir uns nicht leisten. Sie war drei Jahre nach Kriegsende für eine Familie von sechs Personen und der einzige Verdiener krank, einfach nicht tragbar. So schwer es uns auch fiel.

Vor allem mein Vater litt sehr, seine zwei Brüder waren in Russland gefallen und nun auch beide Eltern verstorben. Es war eine fürchterliche Zeit. Doch eins steht fest, Oma und Opa und auch unsere beiden Onkel werden stets in unserer Erinnerung bleiben. Ganz egal wie ihr Leben zu Ende gegangen ist und wo sie ihre letzte Ruhe gefunden haben.

Irgendwie muss ich eingestehen, dass ich auch froh war, dass der Albtraum zu Ende war. Das Grab von Oma habe ich noch viele Jahre gepflegt und im Andenken an sie mit Blumen aus ihrem Garten bepflanzt. Meine Mutter hat mir, wenn es ihr gesundheitlich möglich war, dabei geholfen.

Etwas haben ich und auch meine Brüder gelernt, wenn eine Familie fest zusammensteht, kommt man auch durch schwere Zeiten.

Eva Maria Kluck, Stahnsdorf, 2023

Die Einschulungsuntersuchung

Meine kleine Schwester sollte am 1. September 1967 eingeschult werden. Doch bevor sie in die Schule gehen durfte, musste sie vom Schularzt untersucht worden sein. Dies war früher und ist auch heute noch so. Diese Untersuchung ist gesetzlich vorgeschrieben.

Meine Mutter war gerade zu der Zeit sehr krank, sie kurierte eine Thrombose aus und musste mehr oder weniger das Bett hüten und mein Vater hatte mit Haus und Hof zu tun. Meine Mutter bat mich, mit meiner Schwester zur Schuluntersuchung zu gehen. Ich war inzwischen 13 Jahre alt und in der Pubertät. Sie erklärte mir: „Die Untersuchung ist nicht spektakulär, es werden Hör- und Sehtests durchgeführt sowie auch Tests zur Sprache, Motorik und zum Wissenstand, um den Entwicklungsstand und die Schulfähigkeit einzuschätzen. Es ist eine ganz normale Untersuchung, eher eine Formalie". Ich sollte der Ärztin nur gut zuhören, welche Einschätzung sie gibt und vor allem sollte ich, sofern Fragen gestellt werden, diese auch beantworten. Ich kannte meine Schwester schon über 6 lange Jahre, war jeden Tag mit ihr zusammen – also, was sollte hier schiefgehen? Ich willigte ein.

Im Wartezimmer der Ärztin angekommen, trafen wir auf ein Gewusel von Kindern mit deren Müttern oder Großmüttern – Väter waren nicht dabei. Ich hatte den Eindruck, dass eine ganze Armee von Kindern untersucht und eingeschult werden sollten. Meine Schwester traf hier auch ihre Freunde aus dem Kindergarten, sie spielte mit ihnen, war flink, lebhaft, immer in Bewegung und konnte nicht gut stillsitzen. Sie wollte immer beschäftigt werden. Ich wartete geduldig. Ein paar Mütter von links und rechts guckten schon herüber und erkundigten sich nach meiner Mutter. Sie meinten: „Zu dieser Untersuchung sollte doch die Mutter dabei sein ...", worüber ich erschrak, da meine Mutter doch gesagt hatte, dass diese Untersuchung eher „eine Formalie" sei. – Endlich wurden wir aufgerufen.

„Na, wo hast Du denn Deine Mutter gelassen?" wurden wir von der Ärztin fragend begrüßt. Ich schilderte ihr kurz den Umstand. „So, so", kam zur Antwort. Sie sah sich meine Schwester an und stellte gleich fest, dass sie sehr untergewichtig sei. „Wie viele Kinder seid ihr den zu Hause?", fragte sie. Ich antwortete voller Stolz: „Wir sind sieben Kinder." Sie erwiderte schnell und wohl etwas unüberlegt: „Vielleicht ist es dann kein Wunder." Ich dachte mich verhört zu haben. „Was denkt die denn von uns, dass wir vielleicht asozial sind?" Ich war verletzt und auch beleidigt. Ja, in unserem Dorf gab es Familien, die noch mehr Kinder hatten. Und richtig, diesen Familien ging es nicht allen so gut wie uns, denn wir brachten ihnen manchmal noch gut erhaltene Kleidung oder Babysachen hin, damit sie diese nicht kaufen mussten. „Warum machen wir das?" fragte ich einmal meine Mutter. Sie sagte: „Wir haben das Glück, dass wir ab und an gute Kleidung von der Verwandtschaft aus dem Westen bekommen, wir sollten sie weitergeben, wenn sie noch gut erhalten sind und wir sie nicht mehr brauchen. Damit können wir gut helfen." Dies leuchtete mir ein.

Das Wiegen meiner Schwester ergab ein Untergewicht von mehr als 15 % des Normalgewichts für ihr Alter. „Ja, wenn Du nicht zunimmst, können wir Dich nicht einschulen lassen, sagte die Ärztin und ich hatte nicht den Eindruck, dass sie scherzte. „Dann musst Du erst einmal zur Kur," fügte sie hinzu. Meine Schwester wollte so gern zur Schule gehen, immerhin wurde sie bald sieben Jahre. „Sie ist ein schlechter Esser!" sagte ich ungefragt. Mir gingen viele Gedanken durch den Kopf, wie: Wenn die wüsste, was meine Eltern alles unternehmen, damit meine Schwester zunimmt: Oma kocht stets ihre Lieblingsspeisen, selbst Bananen aus dem Westen bekommt sie..., was soll sie denn noch essen?

Als die Ärztin mit einem Holzspatel in den Rachen schaute, erkannte sie eine mögliche Ursache für das Untergewicht: Meine Schwester hatte Mandeln, die so groß waren wie kleine Aprikosen, die beinahe aneinanderstießen und den Blick in den Rachenraum versperrten. Sie sagte: „Oh, die Mandeln müssen raus, dann wird es sicher auch mit dem Gewicht wieder werden."

Meine Schwester hat alle anderen Tests sehr gut bestanden – also, wird sie eingeschult werden, dachte ich. Doch die Ärztin sagte dazu nichts. Ich war schon leicht nervös und auch etwas bockig. Ich hatte längst bedauert, dass ich mich auf diese Einschulungsuntersuchung eingelassen habe. Ich hatte im Ergebnis von der Untersuchung nur verstanden, dass die Ärztin gegen die Einschulung ist, dass sie unsere Familiengröße als „asozial – dies hatte sie zwar so nicht gesagt – aber auf jeden Fall als nachteilig für die Entwicklung meiner Schwester empfand und dass sie meine Schwester zur OP schicken will.

Diesen Eindruck überbrachte ich dann auch meiner Mutter mit der Zusatzbemerkung: „Ab heute habe ich, wenn mich ein Fremder fragt, keine 6 Geschwister mehr, sondern nur noch zwei, einen Bruder und eine Schwester! Die Leute denken doch von uns, wir sind asozial! Ich habe das eben erlebt." Meine Mutter lachte laut und wollte mich beruhigen. Sie sagte: „Du kannst stolz auf Deine Familie sein. Wir sind wie wir sind!" Sie war mit dem Ergebnis der Einschulungsuntersuchung zufrieden, nichts anderes hatte sie erwartet. Und die Sache mit der Mandel-OP hatte sie längst mit der Kinderärztin besprochen, hier stand sogar schon der Termin fest. Also für sie war es eine „Formalie". Nur ich hatte leider davon keine Ahnung. Meiner Schwester wurden wenige Wochen nach der Untersuchung die Mandeln herausgenommen. Sie nahm auch an Gewicht zu, wie die Ärztin es vorhergesagt hatte. Sie wurde zusammen mit ihren Freunden eingeschult.

Dieses Erlebnis - die vielleicht unüberlegten Aussagen der Ärztin und meine Annahme daraus, dass vielleicht viele Menschen so denken könnten, die mich und unsere Familie nicht kennen - hatte mich stärker geprägt als ich anfangs dachte. Als ich die Schule wechselte und ins Internat kam, traf ich viele neue Mitschülerinnen. Wir stellten uns gegenseitig vor. Und auf die Frage: „Wie viele Geschwis-

ter hast Du?", habe ich direkt geantwortet: „Zwei".
Ich erschrak mich vor mir selbst und es fühlte sich
auch nicht gut an. Ich überlegte, wie ich aus dieser
„Nummer" wohl wieder herauskomme. Ich musste
mir merken, was ich sage. Dabei sprach ich gern von
meiner Familie und erzählte auch ein paar Erlebnis-
se, bis irgendwann mal eine Mitschülerin fragte: „Wie
viele Kinder seid ihr denn zu Hause?" Ja, stimmt, zwei
Geschwister konnten dies alles nicht erlebt haben.
Ich druckste herum und verwies auch auf vorhande-
ne Cousins und Cousinen. Dies hatte mich zusätzlich
unter Druck gesetzt... bis das Überdruckventil auf-
brach.

Irgendwann abends, wir lagen alle schon in unse-
ren Betten, erzählte ich meinen Zimmerkolleginnen,
dass ich etwas richtigstellen muss, was mich sehr
belastet. Ich erzählte ihnen von meiner Familie, von
meinem Erlebnis mit der Einschulungsuntersuchung
und entschuldigte mich für meine aus der Not heraus
geborene Lüge. Ich wollte, dass sie die Wahrheit er-
fahren, denn eine zufällig entdeckte Lüge könnte sie
sehr verletzen. Das wollte ich auf jeden Fall vermei-
den. Nicht jede von ihnen fand mein Verhalten prima
- aber mir fiel ein riesengroßer Stein vom Herzen.

Christiane Eisold, September 2023

Meine Geschwister und ich

In einem kleinen Liedchen heißt es: „Es war eine Mutter, die hatte vier Kinder"...

Der Text bezieht sich jedoch nicht auf Personen, vielmehr werden darin die Jahreszeiten besungen. Diese Zeilen passen für mich auf unsere Familie. Die Geschichte beginnt im Jahr 1945, kurz vor dem Ende des II. Weltkrieges. Unsere Mutti Lydia flüchtete mit vier Kindern aufgrund der Kriegsereignisse aus der damaligen Heimat. Meine Geschwister im Alter von vier bis acht Jahren begriffen kaum, was damals geschah. Als Baby im Kinderwagen blieb ich verschont von den Erlebnissen dieser Flucht. Das Oberhaupt der Familie – Vater Max – war Soldat und für uns unerreichbar. Er galt später als vermisst und kehrte nie mehr heim. So wuchsen wir ohne väterlichen Einfluss in der neuen und fremden Umgebung auf.

Unsere Mutti bemühte sich redlich, ihren Sohn und die drei Mädchen zu rechtschaffenen Erdenbürgern zu erziehen. Mit liebevoller Fürsorge und mütterlicher Courage gelang es ihr, die schwierigen Aufgaben zu meistern. Dabei nahm sie durch ihren christlichen Glauben Einfluss auf unsere Entwicklung. So lernten wir es, zu den Mahlzeiten am Tisch zu beten. Das abendliche Gebet am Bett vor dem Einschlafen – welch innige Momente zum Tagesausklang. Sie sind mir noch heute gegenwärtig. Auf diese Weise entwickelten wir einen kindlichen Glauben an Gott. Die mahnenden Worte: „Der liebe Gott im Himmel sieht alles", bewahrte uns davor, manchmal etwas Unerlaubtes oder gar Böses zu tun. Es war damals wie heute für alle Mütter schwer, ihre Kinder allein großzuziehen.

Meine Erinnerung an die gemeinsame Zeit der Kindheit mit den Geschwistern begann mit etwa sechs Jahren. Als „Nesthäkchen" von uns Vieren fühlte ich mich geborgen. Die Großen beschützten „ihre Kleine" vor unbekannten Gefahren, frechen Nachbarskindern und auch mal vor mütterlicher Strenge. Es war immer jemand an meiner Seite, ob zum Spielen oder Trösten, bei Kummer oder der Angst, alleine zu sein. Da war zunächst der große Bruder als Ältester. Er entfloh schon mal gern der weiblichen Übermacht. Aber natürlich fühlte er sich auch wohl in der Rolle als „Hahn im Korbe". Am liebsten war es ihm, von seinen Schwestern hofiert zu werden. Er war der König, wir seine Untertanen. Dabei zeigte er sich nicht immer als Vorbild für uns Mädchen. Er liebte den Schulalltag nicht sonderlich und erledigte die Hausaufgaben ungern. Da musste die Mutter schon aufpassen, dass ihr „Großer" seinen Pflichten nachkam. Am liebsten warf er nach Schulschluss den Ranzen in die Ecke und verschwand auf dem Bolzplatz zum Fußballspielen. Wenn der große Bruder sich mal Zeit für seine jüngste Schwester nahm, erzählte er am liebsten gruselige Geschichten. Er freute sich jedes Mal diebisch, wenn er mir damit Angst einflößen konnte. Die Nachbarskinder kamen zum Spielen nur zu mir, wenn er nicht daheim war. Durch einen boshaften Auftritt als Menschenfresser mit einem Messer im Mund hatte er sie für alle Zeit verschreckt. Ja, so war mein großer Bruder.

Dabei hatte er auch eine mitfühlende, hilfsbereite und vor allem sehr lustige Seite in seinem Wesen. Viel Spaß hatten wir zusammen bei Kinobesuchen, wo wir manches Mal Tränen lachten. Wir spielten beide gern mal Fußball, später durfte ich sein Motorrad putzen. Dafür fuhr ich stolz mit ihm auf seinem Stahlross durchs Dorf. Nach Abschluss der achten Klasse begann mein Bruder eine Lehre als Tischler. Danach zog es ihn weiter fort und er verließ als erster von den Geschwistern das gemeinsame Zuhause.

Unsere Verbindung beschränkte sich dann auf die Begegnungen bei Besuchen zu familiären Anlässen. Meine älteste Schwester – uns trennen sechs Jahre – unterstützte unsere Mutti tatkräftig und zuverlässig. Sie besuchte gern die Schule und nahm alle ihr übertragenen Aufgaben gewissenhaft wahr. Dazu gehörte auch, mit mir zum Zahnarzt zu gehen. Meine Angst vor dem Doktor mit dem Bohrer und der Zange war jedes Mal riesengroß. Es war schon eine Herausforderung für sie, diese Hürde als Ersatzmutter erfolgreich zu nehmen. Aber die „Große" schaffte es, das Problem irgendwie zu lösen. In meiner Erinnerung übernahm sie öfter Mal Aufgaben zur Unterstützung der mütterlichen Betreuung. So flocht sie mir meine Haare zu schönen Zöpfen und half bei schulischen Problemen. Gern sangen wir zusammen fröhliche Lieder. Für mich war die große Schwester ein Vorbild. Sie war für mich da, wenn ich sie brauchte. Sie hörte mir zu und gab annehmbare Ratschläge. Mit ihrer diplomatischen Art meisterte sie den Alltag, wenn es mal Ärger gab. Nach dem Abschluss der achten Klasse begann sie eine kaufmännische Ausbildung in der Kreisstadt.

Mit meiner vier Jahre älteren Schwester verbinden sich die Erinnerungen an die Jahre von meiner Einschulung bis zum Beginn ihrer Lehre. Es war eine intensive gemeinsame Zeit. Wir liefen barfuß über die Wiesen und pflückten gelbe Butterblumen oder Gänseblümchen. Daraus flochten wir wunderschöne Kränze, die wir wie eine Krone auf dem Kopf trugen. Wir spielten mit dem Ball und dem Springseil. Auch Hüpfspiele mit auf den Erdboden gezeichneten Feldern bereiteten uns viel Freude. Natürlich waren wir auch liebevolle Puppenmuttis. Meine Schwester, als spätere Schneiderin, verband ihre Liebe zu diesem Beruf mit dem Nähen, Häkeln und Stricken von Puppenkleidung. Wir erfüllten unsere Pflichten als Gänsehüterinnen, sammelten grünes Futter für das Schweinchen im Stall und kümmerten uns um die Hühner. Das kleine Gärtchen, von unserer Mutti zum Anbau von Gemüse angelegt, bedurfte ab und zu unserer Pflege. So vergingen die Jahre wie im Fluge. Mit dem Beginn der Lehre als Schneiderin nach dem Abschluss der achten Klasse wurde auch die Dritte von meinen Geschwistern flügge.

Mein Weg führte weiter bis zum Abschluss der Mittelschule. Danach besuchte ich die Pädagogische Schule im Schweriner Schloss zur Ausbildung als Kindergärtnerin. So ging jeder von uns vieren seinen eigenen Weg. Man zog in eine andere Stadt, gründete eine Familie und lebte sein voneinander unabhängiges Leben. Uns verband jedoch immer der unsichtbare Faden des Familienbandes. Wir blieben stets in Verbindung und trafen uns zu bestimmten Ereignissen. Ab dem Jahr 2003, anlässlich des 100. Geburtstages unserer verstorbenen Mutter, vereinbarten wir ein jährliches Geschwistertreffen. Jeder von uns organisierte die Möglichkeit, gemeinsam ein paar glückliche und erlebnisreiche Tage miteinander zu verbringen. Diese Tradition behielten wir bei, solange es gesundheitlich für alle möglich blieb. Seit einigen Jahren beschränken wir uns auf gelegentliche Besuche, telefonieren miteinander und senden uns per Handy oder Computer Fotos und Grüße. Der Austausch zu familiären Ereignissen kommt dabei nicht zu kurz und ist uns sehr wichtig.

So soll es noch lange bleiben!

Hannelore Wolf, Oktober 2023

Die Autoren:

GELA (Jahrgang 1943)
Hobbies: Theatergruppe, Wandern

Eva-Maria Kluck (Jahrgang 1935)
Geboren in Berlin, von 1936 bis 1997 in Kleinmachnow
gelebt, danach in Stahnsdorf.
Berufe: Maßschneiderin und Wirtschaftskauffrau Sie war
als Angestellte im Rat der Gemeinde Kleinmachnow, in
der Landwirtschaftsbank in Potsdam und von 1975 bis
2000 im Gesundheitswesen (Geschäftsleitung, ab 1997
Leiterin des Seniorenbüros AVUS) in Teltow tätig.
Hobbys: Aus dem Leben schreiben: Anekdoten, bissige
Leserbriefe, Glossen und Familiengeschichte, ehrenamtli-
che Tätigkeit in Selbsthilfegruppen.

Margrit Prauß (Jahrgang 1947)
ist in Sachsen geboren und aufgewachsen.
Beruf: Krankenschwester, Ausbildung med. Fachschule
Hubertusburg Wermsdorf.
Seit 1969 wohnt sie in Teltow, hat 2 Töchter und 4 zau-
berhafte Enkelkinder. Sie liebte immer schon „Deutsch"
in der Schule, schrieb gerne Aufsätze, später Briefe. Ge-
danken, Erinnerungen und Erfahrungen aus ihrem Leben
zu formulieren macht ihr viel Freude und sie gibt diese
gern weiter.

Hannelore Wolf (Jahrgang 1944)
geboren in Westpreußen, nach der Flucht aus Danzig in
Mecklenburg aufgewachsen, Ausbildung zur Kindergärt-
nerin im Schweriner Schloß. Umzug 1963 nach Leipzig,
Heirat und Umzug 1967 nach Teltow.
Tätig als Kindergärtnerin, Wechsel in die GRW-Bibliothek,
nach der Wende als Sachbearbeiterin im Sozialamt Tel-
tow, seit 2009 Rentnerin.
Sie ist verheiratet, hat 3 Kinder und 4 Enkelkinder.
Hobbys: Singen im Chor, Mitglied einer Sportgruppe, Rei-
sen und Tanzen, Verfassen von Versen zu bestimmten
Anlässen sowie spontanes Schreiben kleiner Gedichte!

Evelyn Barucker (1949 in Potsdam geboren)
Sie lebt seit 1953 in Kleinmachnow und seit 1971 in Teltow. Sie vermisst die ungeschriebenen Geschichten ihrer Eltern und Großeltern und möchte deshalb einige Erlebnisse für ihre Kinder und Enkelkinder erhalten.

Ellen Wutschik (Jahrgang 1964)
Geboren in Potsdam-Babelsberg

Christiane Eisold (Jahrgang 1953)
Sie ist in Mecklenburg-Vorpommern geboren und aufgewachsen. Sie hat in Dresden studiert, war viele Jahre in der Forschung und ebenso viele Jahre in der Forschungsorganisation tätig. Seit 1976 wohnt sie in Teltow. Christiane Eisold ist verheiratet und hat zwei erwachsene Kinder und drei Enkelkinder.
Schon in der Schulzeit liebte sie das Fach Deutsch, schrieb gern Aufsätze und bis heute liebt sie Kurzgeschichten.
Mit Eintritt in den Ruhestand denkt sie stärker über die Familiengeschichte nach und findet Begebenheiten, die es wert sind, nicht vergessen zu werden.

Hanne Pluns (Jahrgang 1943)
Geboren in Wriezen / Oderbruch
Mit 10 Jahren aus der DDR mir ihren Eltern geflohen
2 Jahre Aufenthalt in Flüchtlingslagern; Abitur in Hildesheim; Sozialarbeit in Hannover studiert, dort ihren Mann kennengelernt; 25 Jahre Leiterin einer Eingangsstufe in einer Grund- Sonderschule in Berlin; Ausbildung zur Gestaltpädagogin an der TU Berlin; Nach der Wende in ihre Heimat zurückgekehrt, dort als freischaffende Künstlerin gelebt; 2018 mit ihrem Mann nach Teltow gezogen; hat 2 erwachsene Söhne und 3 Enkel/innen
Interessen: Kreatives Arbeiten, liebt Kontakt mit anderen Menschen, ist immer auf der Suche nach neuen Anregungen.

Carmen Sabernak (Jahrgang 1958)
Die „Geschichtensammlerin" - Schreibt am liebsten mit Blick auf das Meer oder auf ihrer Rosenbank im Familiengarten.

Bisher erschienen

**Aus der Reihe „Perlen unserer Erinnerung" sind bereits
(im BoD Verlag zum Preis von 5,00 Euro) erschienen:**

2013 „Hannas Weihnachtsengel" - ISBN: 9783732280414
„Begegnungen im Leben" - ISBN: 9783732280889

2015 „Verlust und Wiederfinden" - ISBN: 9783734745812
„Elli" - ISBN: 9783734769276
„Mein Berlin - Mitten mang und Dichte bei" - ISBN:
9783738613599
„Am Wege blüht Vergissmeinnicht" - ISBN: 9783738629262
„Singen und Wandern - das ist unser Leben" ISBN:
9783738659931

2016 „Jahreswende - von Anfang bis Ende" - ISBN: 9783741276798

2017 „Sehnsucht, Glück und Bäume" - ISBN: 9783848257195

2018 „Täuscht der schöne Schein?" - ISBN: 9783748111948
„Winterperlen" - ISBN: 9783748101093

2019 „Sommer-Zeit-Reise" - ISBN: 9783748146964
„Geflüster bei Kerzenschein" - ISBN: 9783750401877

2020 „Meine Heimat Kleinmachnow" - ISBN: 9783751930772
„Meine - Deine - unsere Schulzeit" - ISBN: 9783751950497
„Durch das Jahr" - ISBN: 9783752672176
„Winterzeit" - ISBN: 9783752672169
„Mystische Geschichten" - ISBN: 9783752672190

2021
„Liebesbriefe" - ISBN: 9783755741084
„Alte Schätze" - ISBN: 9783755741275
„Gesammlte Perlen 2021" - ISBN: 9783755741244
„Wege" - ISBN: 9783756833474

2022
„Federn, Flossen, weiches Fell" - ISBN: 9783756859818
"Missgeschicke" - ISBN: 9783756888672

2023
„Modisches Allerei" - ISBN: 9783757806903
„Alltagshelfer" - ISBN: 9783756862726